GENERATOR DAS KOMMENDE DENKEN

Elke Heinemann

E-LEKTÜREN

FROHMANN

Impressum

Erste gedruckte Auflage, inhaltlich dem 2016 erschienenen,
gleichnamigen E-Book folgend
Frohmann Verlag, Berlin 2017
frohmann.orbanism.com
© Frohmann Verlag, Christiane Frohmann und Elke Heinemann
Typografie: Ursula Steinhoff
Lektorat: Christiane Frohmann

ISBN Hardcover: 978-3-944195-99-5
ISBN Softcover: 978-3-944195-97-1
ISBN ePub: 978-3-944195-14-8
ISBN mobi: 978-3-944195-15-5

Inhalt

Vorwort

Bis heute gilt, dass die Arbeit der innovativen kleinen Digitalverlage
im deutschsprachigen Raum vor allem von den Mitwirkenden
der innovativen kleinen Digitalverlage beobachtet und verstanden
wird. Die Literaturwissenschaftler*innen, Journalist*innen und
Blogger*innen, die sich öffentlich mit genuin digitaler Literatur und
einzelnen Digital-only- oder -first-Titeln beschäftigen, lassen sich
an zwei Händen abzählen. Der Rest der lesenden Welt hat sich zwar
mittlerweile daran gewöhnt, Verlage wie CulturBooks, Mikrotext
und Frohmann nicht mehr als bedrohlich oder unbedeutend
wahrzunehmen, ist aber noch weit davon entfernt, deren Titel
ebenso selbstverständlich zu rezipieren wie diejenigen klassischer
Verlage. Ähnlich widersprüchlich ist unsere Wahrnehmung in der
Verlagsbranche. Als die drei sichtbarsten unabhängigen Digitalverlegerinnen werden Zoë Beck, Nikola Richter und ich zwar oft
zu Konferenzen und Diskussionen eingeladen, um dort digitale
Innovation zu verkörpern, aber für das, was wir faktisch tun und wie
wir es tun, interessiert sich dabei eigentlich niemand. Traditions-
verlage haben Ideen, Konzepte und Themen von uns übernommen,
doch ohne dass ihre Vertreter uns je als Inspirationsquelle genannt
oder gar involviert hätten. In vielerlei Hinsicht arbeiten wir in
einem Limbus.

Dass die Innovationen, die wir in die Verlagskultur und in die
Literatur selbst gebracht haben, rückwirkend aber doch noch mit uns
verbunden werden, verdanken wir zu einem beträchtlichen Teil Elke
Heinemann. Ich kann mich noch gut daran erinnern, wie positiv
schockiert ich war, als sie mir für ein Radiofeature 2014 Fragen stellte,
die erkennen ließen, dass sie nicht über »diese E-Books« reden wollte,

sondern tatsächlich über digitale Literatur, und dass sie die Titel aus dem Frohmann Verlag wirklich gelesen hatte und so meine verlegerische Perspektive, das Digitale jenseits von Medien und Formaten als Haltung einzunehmen, mühelos verstand. Ihr tiefes Verständnis für Literatur, zu der eben auch digitale selbstverständlich gehört, kennzeichnete dann auch die *E-Lektüren,* die sie ab dem Frühjahr 2015 für die FAZ schrieb. Dass die *E-Lektüren* in einer angesehenen konservativen Zeitung erschienen, fand ich wunderbar, denn was uns fehlte, war ja, als neuer Teil der literarischen Kultur gesehen zu werden. Für dieses Wagnis verdient die FAZ nach wie vor großen Respekt. Die kurz zuvor begonnene E-Book-Kolumne von Nikola Richter im ebenfalls gedruckten Missy Magazin war zwar auch ein literaturhistorischer Meilenstein, aber der Rahmen selbst viel weniger überraschend.

Die große Bedeutung der *E-Lektüren* wurde auch in klassischen Verlagen erkannt, so resümierte Hanser-Lektor Florian Kessler: »Die *E-Lektüren* in der FAZ sind wirklich eine Pioniertat. Das ist ein echter Brückenschlag, dass seither an einem solchen Ort auf eine derart interessierte, offene, neugierige Art und Weise über die Literatur im Digitalen berichtet werden kann.«[1]

Mittlerweile gibt es die *E-Lektüren* in der FAZ nicht mehr in der ursprünglichen, weiter ausholenden Form, auch die E-Book-Kolumne des Missy Magazins wurde eingestellt. Optimistische Auslegungen sagen, solche Kolumnen wären nicht mehr nötig, weil herausragende E-Books nun gleichberechtigt neben Printtiteln besprochen werden könnten. Dies bleibt zu hoffen. Ich finde es dessen ungeachtet im Falle der *E-Lektüren* schade, denn neben den Rezensionen von Einzeltiteln unternahm Elke Heinemann ja immer auch Erkundungen in die digitale Literatur als solche, betrachtete literarische Blogs, genuin digitale Literatur und Lyrik unter digitalen Bedingungen, lotete die Eigenarten des digitalen Publizierens aus und stellte Überlegungen an, wie sich bei all dem unser Literatur-Begriff verändert – alles Fragen, die auch ich mir stelle, nur dass ich sie in Bezug auf E-Books letztlich nicht in Form von feuilletonistischen Artikeln behandeln und publizieren kann, weil ich ja als Verlegerin eben auch mit E-Books handele.

Elke Heinemann hat mit den *E-Lektüren* in einer Mischung aus professioneller Distanz und originärem Verständnis die digitale Publishingkultur begleitet. Das wird mir persönlich als Bestätigung und Korrektiv meiner Arbeit fehlen. Mir bleibt, diese weiterhin hochaufschlussreichen Texte wissenschaftlich aufbereitet verfügbar zu halten.

Die Generator-Reihe im Frohmann Verlag hat sich in besonderem Maße der Kultur des Digitalen verschrieben. Mit dem Sammeln und Veröffentlichen der *E-Lektüren* geschieht nun erstmals eine Archivierungsarbeit, die einer neuen digitalen Literaturwissenschaft den Weg ebnen soll.

Christiane Frohmann, Verlegerin

1   E-Mail von Florian Kessler an Elke Heinemann, Februar 2016.

Erste Kolumne E-Lektüren

Ich wurde früh mit literarischen Werken beschenkt, die streng genommen keine Kinderbücher sind. Während ich mit Alice durchs Wunderland stapfte oder mich mit der kleinen Seejungfrau vor der Meerhexe gruselte, las mein Vater *Pippi Langstrumpf*[2] und lachte sich schlapp. Ich las dann auch *Pippi Langstrumpf* und lachte mich schlapp. Die wichtigsten Geschichten, Märchen und Gedichtbände meiner Kindheit stehen noch heute in meiner Bibliothek. Außerdem trage ich sie neuerdings andauernd mit mir herum, denn es gibt sie als E-Books. An jedem Ort der Welt kann ich mich wundern, gruseln oder schlapp lachen, ohne kiloschwere Buchpakete mitzuschleppen.

Sie wollen Papier beim Umblättern rascheln hören, einen monochromen Leinenband mit seidenem Lesebändchen in Händen halten und kein kaltes elektronisches Lesegerät? Auch ich bin bekennend bibliophil und hoffe, dass unsere Nachfahren in zehnter Generation immer noch schön gemachte Bücher hegen und pflegen werden. Aber warum auf zusätzliche E-Lektüren verzichten? Weil BND, NSA und imperialistische Megakonzerne uns bei jedem E-Book-Download im Netz ausspionieren? In sozialen Medien wird freiwillig viel mehr offenbart, als es ein noch so exzentrischer Literaturgeschmack erahnen lassen könnte. Und in Spezialforen chattet man völlig unbefangen über Steuertricks, Analfissuren und Zombiespiele. Nur wenn es ums Buch geht, sollte es so sein, als gäbe es die digitale Entwicklung nicht oder eigentlich nicht oder so gut wie gar nicht?

Ich liebe gute Literatur. Und ich will sie lesen können, jederzeit und überall. Das Buch verliert nicht durch das E-Book, es gewinnt. Rund zwei Drittel aller deutschen Verlage bieten Digitalversionen ihrer Bücher an, vom ultimativen Beziehungsratgeber bis zum preiswürdigen

Roman. Ich habe mir im Selbstversuch ein literarisches Monumental-
werk vorgenommen, das sogar eine eigene Internetpräsenz besitzt: Die
Tagebücher, die der Räterevolutionär, Schriftsteller und Lebemann
Erich Mühsam von 1910 bis 1924 geführt hat, erscheinen seit 2011 im
Verbrecher Verlag.[3] 15 edle Bücher in anarcho-schwarzem Leinen sind
bis 2018 geplant. Dazu edle E-Books mit anarcho-schwarzem Cover, in
denen der Fließtext mit dem kommentierten Personen- und Sach-
register verlinkt ist, das sich wiederum als PDF-Datei zum Download
auf der projekteigenen Webseite findet.[4] Dort kann man die Typoskripte
mit Mühsams fliehender Handschrift vergleichen und mit Wikipedia
verlinkte Kommentare der Herausgeber Chris Hirte und Conrad Piens
zur Schwabinger Bohème jener Zeit lesen. Wenn mir aber danach ist,
lasse ich all das links liegen und gebe mich ausschließlich Mühsams
bissiger Selberlebensbeschreibung hin, konzentriere mich, ganz gleich
ob analog oder digital, auf Geldnöte, Geschlechtskrankheiten,
politische, ästhetische und sexuelle Obsessionen des Dichters.

Und dabei bin ich gewiss kein Early Adopter technischer Innovationen. Als meine Familie das erste Fernsehgerät anschaffte, das nur
anlässlich der Mondlandung und vergleichbar relevanter Ereignisse
eingeschaltet wurde, begann ich gerade mit Dauerlesen. Kinder von
heute schauen vom Tag ihrer Geburt an ständig in irgendeinen Screen.
Sie lernen Pippi Langstrumpf vielleicht nicht erst durch das Buch
kennen, sondern durch eine interaktive App[5] des traditionsreichen
Kinder- und Jugendbuchverlags Oetinger und backen mit ihr auf dem
Tablet oder PC die verrücktesten Kuchen der Welt. Wer Astrid
Lindgrens großartige Geschichten über das starke Mädchen aus der
Villa Kunterbunt gedruckt lesen will, kann sie als kostenlose
PDF-Datei in der Ursprungsübersetzung von Cäcilie Heinig von der
Website des Verlags herunterladen.[6] Oder sich auf die wunderbaren
Pippi-Langstrumpf-Sonderausgaben im Retrolook der schwedischen
Originale aus dem Jahr 1945 freuen, die demnächst bei Oetinger
erscheinen.

Dass digitales Lesen das Lesen gedruckter Bücher fördert, weiß
ich von Sigrid Fahrer, Leiterin der Entwicklungsabteilung *Digitales
Lesen* bei der Stiftung Lesen[7]. Frau Doktor Fahrers gründliche
Inspektion deutscher Schulen hat ergeben: Nicht nur Musikhören,

nein, auch Lesen ist heute cool. Und wer auf dem Smartphone liest, leiht sich gelegentlich auch ein paar handfeste Bücher in der Schulbibliothek aus. Man ist allein mit der Geschichte, versenkt sich in die Schönheit der Sprache, liebt, leidet, lacht mit den Protagonisten, anstatt mit ihnen verrückte Kuchen auf irgendwelchen Gadgets zu backen.

Ein Buch ist ein Buch ist ein Buch. Ich kann es kaufen, es ist mein. Ich darf es verleihen, verschenken, wieder verkaufen. Ein E-Book ist kein Buch ist kein Buch ist kein Buch. Es ist eine digitale Datei, die ich gegen Gebühr nutzen kann. Ein E-Book ist nicht mein, ich darf es nicht verleihen, nicht verschenken, nicht wieder verkaufen.

Theoretisch. Rein praktisch lernt meine Oma mühelos in subversiven Online-Foren, den harten Kopierschutz DRM zu knacken, E-Book-Formate zu konvertieren, poetischen Content als PDF-Datei auf externen Festplatten zu speichern. Omas haben verlustreiche Zeiten hinter sich, sie wollen sich die Illusion vom privaten Eigentum am E-Book erhalten.

Ich interessiere mich eher für legale Leihmodelle unserer Tage. Carsharing, Couchsurfing, Streaming. Das E-Book-Angebot kommunaler Bibliotheken, kostenloser und kommerzieller Medien-Flatrates ist aber, mit Verlaub, ausbaufähig. Urheber- und Lizenzrechte müssen angepasst werden, damit demnächst außer Günter Grass hier überhaupt noch jemand vom Schreiben leben kann. Zumal es mehr und mehr E-Books gibt, die nicht gedruckt erscheinen. Und zwar nicht nur Vampir-Schnulzen, Erotik-Schnulzen und Schnulzen-Schnulzen aus online selbstverlegten Schnulzen-Produktionen oder rein digitalen Schnulzen-Programmen traditioneller Verlage. Sondern auch poetische, berührende, wilde, kluge, witzige, intelligente Erzählungen, Reportagen, Essays, Experimente, verfasst von literarischen Debütanten, Erfolgsautoren, Nobelpreisträgern, kuratiert von gebildeten Lektoren, verlegt in reinen Digitalverlagen, die sich derzeit annähernd exponentiell vermehren.

Er wolle mit dem Digitallabel *Hanser Box*[8] der hauseigenen Literaturprominenz zusätzlich zeitgemäße Publikationsmöglichkeiten anbieten, erklärt mir Jo Lendle, Chef des renommierten Hanser Verlags[9]. T. C. Boyle, Javier Marías, A. L. Kennedy, Ilija Trojanow und

viele andere machen mit. Seit Oktober 2014 erscheint jeden Mittwoch
in der Hanser Box ein E-Book-Only, im Druck wäre es zwischen
20 und 100 Seiten stark. Kurze Texte, die in Anthologien, Zeitschriften
oder Schreibtischschubladen der Verfasser irgendwie verloren
wirken würden. Nicht-lineare Literaturexperimente schweben dem
Verleger vor. Oder dass man einfach nur mal die Form wechselt.
Der investigative Reporter Roberto Saviano schreibt die Erzählung
Super Santos[10], eine Geschichte aus dem wahren Leben über Fußball,
Straßenkinder und die Drogenmafia in Neapel. Der Erzähler
Thomas Glavinic veröffentlicht die investigative Kolumne *Sex*[11], eine
Geschichte aus dem wahren Leben über Eifersucht, Nacktheit und
Spaß im Bett. Und dann ist da noch die vielfach ausgezeichnete
Übersetzerin Elisabeth Edl, die die *Stockholmer Rede*[12] des vielfach
ausgezeichneten Nobelpreisträgers Patrick Modiano überträgt. Er
fragt sich auf gefühlten 16 Seiten, wie wohl künftig Homers Erben,
»die mit Internet, Handys, Mails und Tweets geboren wurden, durch
die Literatur diese Welt ausdrücken werden, mit der jeder ständig
›vernetzt‹ ist und in der die ›sozialen Netzwerke‹ jenes Stück Privat-
heit und Geheimnis antasten, das bis vor kurzem noch unseres
war – Geheimnis, welches den Menschen Tiefe verlieh und ein großes
Romanthema sein konnte.«[13]

Wenn Sie darüber mehr erfahren möchten, dann lesen Sie hier
demnächst weiter.

2 Astrid Lindgren 1945, *Pippi Långstrump*, Stockholm: Rabén & Sjögren; dies. 1949, *Pippi Langstrumpf*, Hamburg: Verlag Friedrich Oetinger.

3 Erich Mühsam 2011 (fortlaufend), *Tagebücher*, hg. von Chris Hirte und Conrad Piens, Berlin: Verbrecher Verlag; Verlagswebseite zum Buch: http://www.verbrecherverlag.de/buch/631 (Stand 30.8.2017).

4 Projektwebseite: www.muehsam-tagebuch.de (Stand 30.8.2017).

5 Verlagswebseite zur App: http://www.oetinger.de/buecher/apps/details/titel/3-86274-496-5/18837/16647/Autor/Astrid/Lindgren/App_-_Pippi_Langstrumpf%3A_Villa_Kunterbunt_HD.html (Stand 30.8.2017).

6 Zum Zeitpunkt der Veröffentlichung dieses Buchs bei Oetinger nicht mehr downloadbar; hier noch verfügbar: https://tilgnerka.edupage.org/files/Astrid_Lindgren_-_Pippi_Langstrumpf.pdf (Stand 30.8.2017).

7 Webseite der Stiftung Lesen: https://www.stiftunglesen.de (Stand 30.8.2017).

8 Webseite der Hanser Box: https://www.hanser-literaturverlage.de/verlage/hanser-box (Stand 30.8.2017).

9 Gespräch mit Jo Lendle auf der Frankfurter Buchmesse 2014.

10 Roberto Saviano 2014, *Super Santos*, übersetzt aus dem Italienischen von Rita Seuß, Hanser Box, München: Carl Hanser Verlag.

11 Thomas Glavinic 2014, *Sex*, Hanser Box, München: Carl Hanser Verlag.

12 Patrick Modiano 2015, *Stockholmer Rede*, übersetzt von Elisabeth Edl, Hanser Box München: Carl Hanser Verlag.

13 Ebd.

Zweite Kolumne E-Lektüren

Kürzlich las ich, dass sich der Nobelpreisträger Patrick Modiano in seiner *Stockholmer Rede*[14] gefragt hat, wie wohl künftige Generationen eine Welt literarisch zum Ausdruck bringen werden, in der Facebook, Twitter und Google dem Einzelnen jenes Geheimnis nehmen, das bisher ein großes Romanthema sein konnte. Erstaunlich finde ich die Frage aus zwei Gründen: Erstens ist das Internet für viele nicht der Ort der persönlichen Offenbarung, sondern der öffentlichen Inszenierung einer konstruierten Identität – wie in einem Gedicht, einem Roman, einer Kolumne kann ich »ich« sagen, ohne mich zu meinen. Zweitens gibt es schon heute eine so genannte »Literatur von morgen«, die sich aus den digitalen Kommunikationskanälen speist. Verfasst wird sie von Online-Autorinnen und -Autoren, die sich nicht am Geniebegriff, am geschlossenen Kunstwerk, an der Trennung von Fiktion und Fakten zu orientieren scheinen, sondern an hierarchie- und subjekt-kritischen Positionen postmoderner Konzepte.

»Zur Hölle mit dem Strukturalismus, dem Dekonstruktivismus und der vertikalen Lesart von Prosagedichten«, protestiert der syrische Autor Aboud Saeed, »zur Hölle mit der Theorie vom Tod des Autors und der Realitätskritik«[15]. Obwohl Größenwahn sein Stilmittel ist, suche ich vergeblich nach seinem Wikipedia-Eintrag. Der Berliner Digitalverlag mikrotext schreibt, Aboud Saeed sei 1983 geboren, habe in der nordsyrischen Kleinstadt Manbidsch als Schmied gearbeitet, lebe heute mit politischem Asyl in Berlin.[16] Seit Beginn der syrischen Revolution postet er auf Facebook Anekdoten, Aphorismen und Lyrismen über die Plastikschlappen seiner Mutter, regimetreue Mäd-chen im Bikini, Bombenangriffe der Assad-Armee auf die Zivil-bevölkerung. Was fiktiv, was real ist, lässt sich schwer ausmachen.

Als 2013 *Der klügste Mensch im Facebook*[17], eine Auswahl aus den
»Statusmeldungen aus Syrien«, als Original-E-Book auf Deutsch
erscheint, fahren ZDF-Reporter nach Manbidsch, finden heraus, dass
es Aboud Saeed tatsächlich gibt und feiern ihn als den »syrischen
Bukowski«[18]. Über Nacht ist der krakeelende Prolet, der sich ein
Zimmer mit sieben Geschwistern teilt, der Star eines kleinen, rasch
wachsenden E-Book-Fanclubs. Sein Debüt wird ins Spanische und
Englische übertragen, in preisgekrönte Anthologien aufgenommen,
als Hörspiel, als Theaterstück umgesetzt und erscheint am Ende auch
gedruckt. Wer etwas über erfolgreiche Online-Literatur erfahren
möchte, dachte ich damals, kommt wohl um Aboud Saeed nicht
herum. Nun ist bei mikrotext sein zweites E-Book herausgekommen,
wie das Erstlingswerk aus dem Arabischen übertragen von der Netz-
aktivistin Sandra Hetzl. *Lebensgroßer Newsticker. Szenen aus der
Erinnerung*[19], eine Sammlung von Anekdoten, Gedankenspielen und
Alltagsskizzen, stellt das Debüt des Autors nicht in den Schatten,
sondern wirft vielmehr ein Licht auf die Frage, wie sich Literatur im
digitalen Raum entwickelt.

Die Leserin erfährt, dass Aboud Saeed in seiner Kindheit auf Müllhalden nach Melonenresten suchte, zerlöcherte Socken und gefundene
Schuhe trug, vor Wut »auf die Teddybärenkinder« spuckte sowie
»auf die syrischen Staatsmedien, auf Krawatten, Make-up, Pflichten.
Auf Glühbirnen, Kerzen und den Sicherheitsrat. Jetzt bin ich
erwachsen und mein Mund ist leer.«[20] Das reale Leben ist mit dem
virtuellen eng verwoben. Der Erzähler wächst mit Al-Qaida und dem
Baath-Regime auf, besucht Internet-Bordelle, träumt, er wäre Gregor
Samsa. Die lebenskluge Mutter, die weder lesen noch schreiben
kann, fädelt derweil die Lebern ihrer im Bürgerkrieg getöteten Söhne
wie Okraschoten zum Trocknen auf, »damit sie auch im Winter davon
essen kann.«

Manche der achtunddreißig kurzen Texte sind der Leserin inhaltlich
zu banal, formal zu kunstlos. Auch kann sie dem schalkhaften Ton der
orientalischen Geschichten aus 1001 Bombennacht nicht immer etwas
abgewinnen. Begeistert ist sie, wenn Aboud Saeeds allzu launige
Lebensbeschreibung ins Absurde, Surreale, Fantastische umschlägt:
wenn der Autor auf der Flucht aus Syrien den Anti-Helden eines

Hollywoodszenariums imitiert. Wenn er im deutschen Exil den großen
freien Hund in sich wachzurütteln versucht, der einst auf syrischen
Müllhalden das Fleisch Husains und Mohammads fraß. Wenn er von
einem richtigen Leben im falschen träumt, in dem die Bombe den
älteren Bruder knapp verfehlt. »Ein Leben, in dem die Körpersprache
die offizielle Sprache wäre und die Armee aus Musikbands bestünde.
Ihre Waffen wären Klavier und Trompete und Rebab. Gefängnisse
würden zu Theatern und Kinosälen, in denen ein stummer Kurzfilm
von mir mit dem Titel *Lebensgroßer Newsticker* vorgeführt würde.
Es gäbe Flüsse und die Fische darin wären Bücher. Ich wäre ein großer
wichtiger Schriftsteller. Meine Bücher wären Bücher in Haifischform,
die Bücher von Hassan Blasim und Bukowski hätten die Form von
Walen.«[21]

Fazit der Leserin: Übersetzerin Sandra Hetzl und mikrotext-
Verlegerin Nikola Richter wären gut beraten gewesen, wenn sie eine
kleinere Auswahl aus den neuen Texten ihres Autors getroffen hätten.
Zumal die Prosa den »Statusmeldungen aus Syrien« inhaltlich sehr
nahe kommt, die nach wie vor erhältlich sind, denn E-Books sind
im Unterschied zu Büchern (fortlaufend) verfügbar. In Syrien postet
Aboud Saeed in Echtzeit Erträumtes und Erlebtes. Das ist witzig,
lakonisch, poetisch. In Berlin versucht er, Erinnerungen an Erträumtes
und Erlebtes zu verdichten. Und protokolliert doch einiges davon nur.
Auch nimmt er in seiner Prosa nicht den eindrucksvollen Sprechgesang
auf, der seine Facebook-Postings auszeichnet. Vielmehr inszeniert er
eine Oralität, die oft recht reduziert wirkt: »Wofür all dieses Gelaber?
Natürlich um letztlich wieder über mich selbst zu reden.«[22]

Der klügste Mensch im Facebook beeindruckt mich, weil das
Geschehen wie erfunden wirkt und der Ich-Erzähler, »der eitle Aboud
Saeed, der extrem eingebildet ist und sich für viel wichtiger hält
als Mohammad Al-Maghout, Adonis und Lady Gaga«[23], wie eine
beispielhafte Romanfigur. Fiktive Online-Kommunikation, experimentelle oder unterhaltsame E-Mail-Romane, die die Tradition des Brief-
romans fortsetzen, kann man seit Jahren gedruckt finden. Nun werden
viele Texte, die im Internet entstanden sind, Blogs, Facebook-Einträge
und Tweets, kuratiert und als Original-E-Books publiziert. Der
Roman, der sich im Buchbetrieb zur Königsform entwickelt hat, weil

sich mit ihm mehr Umsatz machen lässt als mit Erzählungen und
Gedichten, ist für Blogger, Facebook-User und Twitterer nicht
maßgeblich. Und Digitalverlage wie mikrotext setzen auf kurze Texte,
die man auf dem Smartphone lesen kann. Formal durch monumentale
Experimente wie *Finnegans Wake*[24], *Rayuela*[25] oder *Zettel's Traum*[26]
längst überwunden, könnte der Roman in der digitalen Literaturwelt
endgültig untergehen, in der nicht-lineare, multimediale und
kollaborative Erzählweisen erprobt werden. Aber entsteht auf diese
Weise anspruchsvolle Literatur? Oder sind die ästhetischen Konzepte
interessanter als die literarischen Ergebnisse? Und welche anderen
Neuerungen bestimmen die E-Book-Welt?

Wenn Sie darüber mehr erfahren möchten, dann lesen Sie hier
demnächst weiter.

Anmerkungen

14 Ebd.

15 Aboud Saeed 2013, *Der klügste Mensch im Facebook. Statusmeldungen aus Syrien,* aus dem Arabischen von Sandra Hetzl, mit Nachwort und Glossar der Übersetzerin, entspricht ca. 250 Druckseiten, Berlin: mikrotext.

16 Verlagswebseite zum Buch: http://www.mikrotext.de/books/aboud-saeed-der-klugste-mensch-im-facebook-statusmeldungen-aus-syrien (Stand 30.8.2017).

17 Saeed 2013.

18 Aboud Saeed bei ZDF/Aspekte, ausgestrahlt am 10. Mai 2013, https://www.youtube.com/watch?v=l2RWkH3-JIE (Stand 30.8.2017).

19 Aboud Saeed 2015, *Lebensgroßer Newsticker. Szenen aus der Erinnerung,* aus dem Arabischen von Sandra Hetzl, entspricht ca. 250 Druckseiten, Berlin: mikrotext.

20 Ebd.

21 Ebd.

22 Ebd.

23 Saeed 2013.

24 James Joyce 1939, *Finnegans Wake,* London: Faber & Faber; Dieter H. Stündel 1993, *James Joyce. Finnegans Wehg: Kainnäh ÜbelSätzZung des Wehrkess fun Schämes Scheuss,* Darmstadt: Häusser; englischer Text online: http://hub.yourtakeonwords.com/hub/jamesjoyce?w=1280;rh=http%3a%2f%2fwww.trentu.ca%2ffaculty%2fjjoyce%2ffw.htm;rd=1 (Stand 30.8.2017).

25 Julio Cortázar 1963, *Rayuela,* Editorial Sudamericana, Buenos Aires: Pantheon Books; ders. 1981, *Rayuela,* Frankfurt a. M.: Suhrkamp.

26 Arno Schmidt 1970, *Zettel's Traum,* Karlsruhe: Stahlberg Verlag.

Dritte Kolumne E-Lektüren

Gemächlich geht es zu in der Welt des gedruckten Wortes. Ein bis zwei Jahre Vorlaufzeit, bis ein Roman erscheint, ein Band mit Erzählungen, eine Essaysammlung. Der digitale Literaturbetrieb hat ein anderes Tempo: E-Books sind schnell. Zum einen werden wir aufgrund der raschen Produktionsweise mit literarischem Fast Food überschwemmt, zum anderen können anspruchsvolle Digitalverlage zeitnah Texte zu Themen von dringlicher Relevanz veröffentlichen, über die wir uns allabendlich vor dem Fernseher erregen.

Die Fernsehbilder, die mich aufwühlen, zeigen dunkelhäutige Frauen, Kinder, Männer mit ängstlichen Gesichtern. Dicht an dicht gedrängt riskieren sie auf überladenen Fischkuttern ihr Leben, um von der nordafrikanischen Küste übers Mittelmeer nach Europa zu fliehen. Mehr als zweihunderttausend Menschen gaben 2014 den Schleusern ihr spärliches Hab und Gut für die gefährliche Überfahrt. Tausende ertranken, tausende starben vor Erschöpfung an Bord. In Italien und Griechenland drohen den Überlebenden unzumutbare Lager, in Deutschland zermürbende Asylverfahren. Ich sitze in meinem katastrophenfernen Heim und frage mich, was man wohl tun könnte, um zu helfen.

Die Berliner Digitalverlegerinnen Nikola Richter und Christiane Frohmann haben etwas getan. In den Programmen ihrer Verlage mikrotext[27] und Frohmann[28] finde ich kuratierte Chats, Erlebnisprotokolle und literarische Essays über die Massenflucht nach Europa und über das Innere unseres Asylsystems. Als »Doppel-Essay« ist beispielsweise das E-Book ausgewiesen, das Patras Bwansi und Lydia Ziemke unter dem Titel *Mein Name ist Bino Byansi Byakuleka*[29] bei mikrotext veröffentlicht haben. Allerdings handelt es sich bei den

Beiträgen des Textilkünstlers Patras »Bino« Bwansi eher um auto-
biografisch ausgerichtete short cuts, in denen es um die Kindheit und
Jugend des Autors in Uganda geht, um Flüchtlingshierarchien in
Berlin, um ein Lager in Bayern, das man nur verlassen darf, wenn
man Antrag um Antrag stellt und Geld zahlt, das man gar nicht
hat. »Man will nicht, dass wir sterben, aber man will offenbar auch
nicht, dass wir leben.«[30] Irgendwann nimmt er den Namen des
ermordeten Vaters an, irgendwann verlässt er das Lager, irgendwann
schlägt er sein Zelt im Garten eines Klosters auf trotz winterlicher
Kälte und Drohungen der Neonazis.

»Kein Mensch ist illegal!« Der Flüchtling ist nun »Flüchtlings-
aktivist«. Auf dem Berliner Oranienplatz demonstriert er zusammen
mit der Sudanesin Napuli Paul Langa, die vier Tage auf einem Baum
ausharrt, um vom Senat Zugeständnisse zu erzwingen. Und er trifft die
Theaterregisseurin Lydia Ziemke, die seine Texte aus dem Englischen
ins Deutsche überträgt. Die Flüchtlinge, schreibt sie, »helfen uns
mit ihrem Protest, der unsere Werte ernst nimmt, diese Werte selbst
wieder ernst zu nehmen.«[31]

Zudem reflektiert Lydia Ziemke in ihrem sehr guten kritischen
Aufsatz über die »Paradoxien des Helfens«[32] den eigenen Versuch,
einem jungen Marokkaner den Weg in den deutschen Alltag zu
bahnen. Sie erfährt dabei »lebensecht«, was Hannah Arendt 1943 in
ihrem Essay »We Refugees«[33] postuliert hat, nämlich dass »Nächsten-
liebe erst dann wirksam werden kann, wenn den Flüchtlingen staat-
liche Gerechtigkeit widerfahren ist.«[34] Das rund hundert Jahre alte
deutsche Asylrecht gewährt aber nur jenen Gerechtigkeit, die sich als
»politische Flüchtlinge« qualifizieren können. Wer es nicht schafft, muss
unsichtbar werden. Seiner selbst beraubt, greift der junge Marokkaner
zu Drogen. Dann schlägt die Selbstzerstörung um in Manipulation,
Geldforderung, emotionale Erpressung. Lydia Ziemke sieht ein:
»Ich kann das nicht. Ich könnte ihn zeitweise verstecken, aber ich
kann nicht bewerkstelligen, dass sein Tag normaler und die Zukunft
greifbarer wird. Ich hätte Schuldgefühle, und er hätte durch mich
weder dauerhafte materielle noch emotionale Grundsicherung.«[35]

Eindrucksvoll ist auch die essayistische Erzählung, die bei
Frohmann unter dem Titel *Vor Lampedusa*[36] erschienen ist. Die

Autorin Michaela Maria Müller, die einen Tumblr-Blog zu Flücht-
lingspolitik und Migration betreibt, hat die italienische Insel bereist,
vor der 2013 fast vierhundert Flüchtlinge bei einem Schiffsbrand ums
Leben kamen. Auf dem Schiffsfriedhof durchsucht sie die Wracks der
Schlepperboote, die bei der Bergung »ganze Menschenstapel«[37]
enthielten. Unter den Habseligkeiten der ehemaligen Passagiere ist
eine Handtasche, in der sich die Reste einer Lebensmittelkarte
befinden, ausgestellt auf den Namen einer Frau. »Ayanna hat noch
andere Dinge hinterlassen: Ein graues, gepolstertes Tragetuch, auf das
weiße Schäfchen gedruckt sind. Einen schwarzen Kinderschuh in
Größe 23. Eine leere Tetrapackung Milch des französischen Herstellers
Délice Lait, abgepackt in Tunesien.«[38] Detailreich und empathisch
erzählt Michaela Maria Müller vom Schicksal der Flüchtlinge auf
Lampedusa, die ohne Verfahren nach Tripolis abgeschoben werden
und von dort aus weiter zu einem entlegenen Ort in der Sahara. »Die
Toten liegen überall in der Weite der Wüste, sie sind im Angesicht der
sengenden Sonne wie zusammengerollte Embryonen verdurstet.«[39]

Vor Lampedusa ist Teil eines unveröffentlichten Projekts[40], einer
postmodern anmutenden Mischung aus Doku-Roman und literarischer Reportage, in der sich Fiktion mit Nichtfiktion verbindet.
Ähnlich wirkt der »Chat von der Flucht« auf mich, den die Berliner
Hörfunkautorin Julia Tieke und der syrische Medienaktivist Faiz unter
dem Titel *Mein Akku ist gleich leer*[41] bei mikrotext veröffentlicht
haben. Der Protagonist selbst hat auf seiner Flucht durch Griechenland, Mazedonien, Serbien und Rumänien wiederholt den Eindruck,
sich durch einen Abenteurroman zu bewegen. Und doch handelt es
sich bei seiner Reise um einen realen Horrortrip mit Verfolgungen,
Verhaftungen, Internierungen. Faiz' Herzenswunsch: »Ich will einfach
nur ein Mensch sein.«[42] Aber die Behörden in seiner Heimat und in
allen Ländern, die er ohne Papiere durchquert, verwehren es ihm.

Seine Chat-Partnerin bietet einer Radioredakteurin den Facebook-
Dialog an, den ich bühnenreif finde. Denn auch das Theater greift das
Problem der Flüchtlinge auf. *Die Schutzbefohlenen*[43] heißt das Stück
der österreichischen Autorin Elfriede Jelinek, mit dem vor kurzem die
Berliner Theatertage eröffnet wurden.[44] Regisseur Nicolas Stemann
lässt nicht nur Jelineks chorischen Klagegesang von Schauspielern

sprechen, sondern gibt auch den Flüchtlingen, die hier »Geflüchtete«
genannt werden, das Wort. Die Inszenierung, die von Mannheim über
Amsterdam und Hamburg nach Berlin kam, wird immer wieder
verändert durch die Geschichten, die die Betroffenen vor Ort erzählen.
In Berlin ist der Ugander Patras »Bino« Bwansi mit den Erlebnis-
berichten dabei, die er digital first bei mikrotext publiziert hat. So
schließt sich der Kreis: Die prozesshafte Inszenierung und der Text,
der auf Jelineks Homepage in fortlaufender Bearbeitung erscheint,
stehen in der Tradition des work in progress, das im digitalen
Literaturbetrieb eine feste Größe ist.

Wenn Sie darüber mehr erfahren möchten, dann lesen Sie hier
demnächst weiter.

27 Siehe http://www.mikrotext.de (Stand 30.8.2017).

28 Siehe http://orbanism.com/frohmann (Stand 30.8.2017).

29 Patras Bwansi / Lydia Ziemke 2015, *Mein Name ist Bino Byansi Byakuleka,* Doppel-Essay, Text von Patras Bwansi aus dem Englischen von Lydia Ziemke, mit 6 Fotos und einigen Asyl-Dokumenten aus dem privaten Besitz von Patras Bwansi, entspricht ca. 140 Druckseiten, Berlin: mikrotext.

30 Ebd.

31 Lydia Ziemke 2015, »Paradoxien des Helfens«, in: Bwansi/Ziemke 2015.

32 Ebd.

33 Hannah Arendt 1943, »We Refugees«, in: *Menorah Journal,* 69–77; dies. 1986, »Wir Flüchtlinge«, in: *Zur Zeit. Politische Essays,* aus dem Amerikanischen von Eike Geisel, hg. von Marie Luise Knott, Berlin: Rotbuch, 7–21.

34 Hannah Arendt, zitiert nach Ziemke 2015.

35 Ziemke 2015.

36 Michaela Maria Müller 2015, *Vor Lampedusa. Eine Reise,* mit Bildern vom Schiffsfriedhof auf Lampedusa, DRM-freies E-Book, entspricht ca. 37 Druckseiten auf dem Kindle, Berlin: Frohmann.

37 Ebd.

38 Ebd.

39 Ebd.

40 Zwischenzeitlich erschienen: Michaela Maria Müller 2016, *Auf See. Die Geschichte von Ayan und Samir,* gebundene Ausgabe oder DRM-freies E-Book (ePub/mobi), Berlin: Frohmann.

41 Julia Tieke / Faiz 2015, *Mein Akku ist gleich leer. Ein Chat von der Flucht,* mit 8 Fotos, aufgenommen von Faiz auf der Flucht, entspricht ca. 50 Druckseiten, Berlin: mikrotext.

42 Ebd.

43 Elfriede Jelinek, *Die Schutzbefohlenen,* http://www.elfriedejelinek.com (Stand 30.8.2017).

44 Haus der Berliner Festspiele, 1. und 2. Mai 2015, Produktion: 23. Mai 2014 beim Theater der Welt-Festival Mannheim, in Koproduktion mit dem Holland Festival und dem Thalia Theater Hamburg (Regie: Nicolas Stemann).

Vierte Kolumne E-Lektüren

Das work in progress ist im digitalen Literaturbetrieb eine feste Größe, schrieb ich vor kurzem. Sei es, dass es ein sich (fortlaufend) entwickelndes, in verschiedenen, rasch aufeinander folgenden Ausgaben erscheinendes E-Book ist, ein literarischer Blog oder ein »Modellprojekt deutsch- und englischsprachiger Autoren, das die sich durch die Digitalisierung eröffnenden Chancen für die Wahrnehmung und Verbreitung anspruchsvoller Literatur weiterzuentwickeln sucht.«[45] Das ist keine lyrische Prosa, sondern hölzernes Antragsdeutsch, und tatsächlich wird das Literaturprojekt Fiktion von der Kulturstiftung des Bundes mit 240.000 Euro gefördert, damit es kostenlose Original-E-Books zeitgleich auf Deutsch und Englisch herausbringt, neue Präsentationsweisen von Literatur international erprobt, die Anpassung des Urheberrechts beflügelt und last not but least ein digitales Leseformat entwickelt, das konzentrationsfördernd wirken soll. Treibt doch die Projekt- und Programmleiter Mathias Gatza und Ingo Niermann, die im ersten Hauptberuf Autoren sind, die Frage um, »welche Chancen das digitale Zeitalter gerade auch für eine besondere Konzentration erfordernde Literatur bietet.«[46]

Ich erinnere mich: Berlin, Haus der Kulturen der Welt im Sommer 2014. Das Programm von Fiktion startet mit dem Romanerstling *ALFF* [47] des Dramatikers Jakob Nolte, einem »Highschool-Mystery-Thriller«, in dem es um eine geheimnisvolle Mordserie im fernen Neuengland geht. Der Raum ist komplett verdunkelt, Jakob Nolte sitzt mit einem elektronischen Lesegerät vor uns, sein Text wird an die Wand projiziert und scrollt in dem von Fiktion entwickelten Leseformat weiter wie auf einem Teleprompter. Aber Autor und Publikum können der recht hohen Geschwindigkeit nicht folgen. Trotz mehrerer

Interventionen der Programmleitung kann daher bald von einer
Konzentration auf den Text keine Rede mehr sein. Startprobleme,
dachte ich damals.

»Im Idealfall wüsste der Reader, wie schnell man liest, dann müsste
man nicht mehr interagieren, aber das ist technisch nicht möglich«,
erklärt mir Ingo Niermann.[48] »Der Normalzustand ist, dass sich der
Text langsam weiter bewegt und man nur acht bis neun Zeilen sieht –
das hat eine konzentrationssteigernde Wirkung.«[49] Optimiert wird
das Verfahren mittels Versuchsreihen, die Arthur Jacobs, Professor für
Experimentelle und Neurokognitive Psychologie, an der Freien
Universität Berlin durchführt. Ich finde das Scrollen, das nur online
auf der Fiktion-Website möglich ist, verwirrend, anstrengend und
ermüdend. Meine Aufmerksamkeit lässt nach, ich träume von anderen
Objekten des Begehrens, denn Konzentration ist unter anderem
abhängig von Lust. Dazu später mehr.

Aufmerksamkeit ist in unserer medial bestimmten Gegenwart ein
wichtiger Faktor, den sich Megakonzerne viel kosten lassen. Das
hohe Maß an Aufmerksamkeit, das Fiktion seit seinen Anfängen im
Frühjahr 2013 erhält, mag sich so mancher kleine Digitalverlag
wünschen, der alle Kosten für Produktion, Werbung, Autoren und
Übersetzer aus eigener Kasse zahlen muss. Fiktion hingegen verfügt
über öffentliche Mittel, wartet mit Workshops für Autoren, Juristen
und Verlagsexperten auf, mit einem Kongress zur Literatur im
digitalen Zeitalter, mit einer Deklaration, die Literaturnobelpreis-
trägerin Elfriede Jelinek, Bachmannpreisträger Jan Peter Bremer und
andere bekannte Autorinnen und Autoren unterzeichnet haben. Es
geht den Machern und Mitstreitern von Fiktion darum, »anspruchsvoller« Literatur Wege ins Digitale zu bahnen, wie sie das Genre schon
längst für sich gefunden hat: präzise lektorierte, von Freunden und
von Freunden von Freunden empfohlene Texte, die das Niveau des
digitalen Literaturbetriebs anheben sollen.

Schriftsteller aus aller Welt, die Künstler sind, und Künstler aus aller
Welt, die Schriftsteller sind, machen bei Fiktion mit, Dramatiker,
Dichter, Wissenschaftler, Journalisten, Musiker. Viele von ihnen
dürften einem Teil des deutschen Lesepublikums völlig unbekannt
sein, wie beispielsweise Rajeev Balasubramanyam, der neben Jakob

Nolte mit seinem »Roman in zehn Teilen« unter dem Titel *Starstruck*[50] das Fiktion-Programm eröffnet hat. Beide Romane wurden bei ihrem Erscheinen zwar als recht unterhaltsam aufgefasst, aber nicht als Exempel einer hehren Literatur, um die es doch angeblich gehen sollte. Auch mich hat erst das dritte Fiktion-E-Book begeistert: Der Roman *HERR F*[51] des schottischen Avantgardisten Momus ist die umwerfend komische Geschichte eines gescheiterten faustischen Schriftstellers und zugleich eine brillante Satire auf den deutschen Literaturbetrieb, in der ein Verlag namens »Suhrkamp Parallel«[52] keine unbedeutende Rolle spielt.

Mag sein, dass Fiktion eine gewisse Vorlaufzeit gebraucht hat, um seine Ziele durch Editionsbeispiele zu belegen. Ende Juni wurde neben dem Romandebüt *Elephantenchroniken*[53] der rumänischen Historikerin Sînziana Păltineanu eine Sammlung von Essays, Studien, Gedichten und Erzählungen im Haus der Kulturen der Welt präsentiert, die Herausgeber Ingo Niermann mit dem Titel *Konzentration*[54] überschrieben hat. In seiner Einleitung formuliert er noch einmal eines der zentralen Anliegen von Fiktion, nämlich zu ergründen, wie es trotz zahlreicher medialer Konkurrenzangebote künftig möglich sein könnte, sich auf nicht-triviale Texte zu konzentrieren. Neunzehn Autorinnen und Autoren aus den Bereichen Literatur, Kunst und Wissenschaft hat Niermann um Beiträge gebeten, die trotz des gemeinsamen Themas formal und inhaltlich weit auseinander liegen. Problematisch finde ich mal wieder das editorische Prinzip von Fiktion, Autorenangaben zwar auf der projekteigenen Website einzustellen, nicht aber in die E-Books aufzunehmen. Auch frage ich mich, ob es tatsächlich günstig ist, vornehmlich Texte von Freunden und von Freunden von Freunden zu publizieren.

Denn einiges aus dem Prosa- und Lyrik-Angebot erscheint mir auf unlösbare Weise rätselhaft, manche Beiträge aus dem essayistisch-akademischen Bereich wirken auf mich überinformiert und unterstrukturiert, so dass ich die Lust am Text verliere. Meine Konzentration verfängt sich vielmehr in schlichten, zur weiteren Reflexion anregenden Fragen, wie sie die Berliner Schriftstellerin Nina Bußmann stellt: »Worauf hat die Aufmerksamkeit sich zu richten? Was gilt als wesentlich, was nicht, und wer hat das entschieden?«[55] Auch die ironischen Tweets des amerikanischen Anti-Lyrikers Kenneth Goldsmith halten mich bei Laune: »#Ablenkung ist die neue #Konzentration.«[56] Schließlich folge ich sehr gern den essayistischen Ausführungen des Herausgebers Ingo Niermann, der für einen erweiterten, auf Ideen konzentrierten Literaturbegriff wirbt – eine konzeptuelle Position, die sich vielleicht im digitalen Raum besser durchsetzen lässt als im Buchbetrieb.

Wenn Sie darüber mehr erfahren möchten, dann lesen Sie hier demnächst weiter.

Anmerkungen

45 http://fiktion.cc/ueber-uns (Stand 30.8.2017).

46 http://fiktion.cc/deklaration (Stand 30.8.2017).

47 Jakob Nolte 2014, *Alff,* Berlin: Fiktion.

48 Gespräch mit Ingo Niermann, Berlin im Sommer 2014.

49 Ebd.

50 Rajeev Balasubramanyam 2014, *Starstruck,* Berlin: Fiktion.

51 Momus 2015, *HERR F (WAS EWIG LEBT, SCHREIT EWIG),* Berlin: Fiktion.

52 Ebd.

53 Sînziana Pӑltineanu 2015, *Elephantenchroniken,* Berlin: Fiktion.

54 Ingo Niermann (Hg.) 2015, *Konzentration,* Beiträge von Dirk Baecker, Nina Bußmann, Charis Conn, Kenneth Goldsmith, Boris Groys, Ingeborg Harms, Arthur Jacobs, Sophie Jung, Quinn Latimer, Ingo Niermann, Amy Patton, Raoul Schrott, Emily Segal, Jenna Sutela, Alexander Tarakhovsky, Johannes Thumfart, Ronnie Vuine, Elvia Wilk, Jacob Wren, deutsche Übertragung der englischen Texte von Andreas L. Hofbauer, Sophie Jung und Yolanda Vögtle, Berlin: Fiktion.

55 Nina Bußmann 2015, »Ruhe und Empfindlichkeit«, in: Niermann 2015.

56 Kenneth Goldsmith 2015, »Jawohl, #Tweeten ist echtes #Schreiben!«, in: Niermann 2015.

Fünfte Kolumne E-Lektüren

E-Books sind Schund. Pulp. Was nicht gedruckt wird, steht im Ruf, Schmuddelliteratur auf niedrigem Niveau zu sein, für die kein anspruchsvoller Literaturverlag zeichnen würde. Und doch geht es mir hier um schöne und gute Texte, wie sie beispielsweise szenige Digitallabels in Berlin und anderswo herausbringen. Zu ihnen gehört der kleine feine Hamburger Verlag CulturBooks[57], in dem unter anderem Original-E-Books experimenteller Autoren unserer Tage erscheinen, wie etwa Franzobel und Aleks Scholz, aber auch Lizenzausgaben längst vergriffener Bücher. Darunter ist so mancher Kriminalroman, denn an der Verlagsspitze stehen der Krimifan Jan Karsten und die Kriminalschriftstellerin Zoë Beck.

Die Unterscheidung von E- und U-Literatur interessiert das Verlegerteam nicht, wohl aber der besondere Text, der nicht in der Masse selbstverlegter Digitalliteratur untergehen soll. Zum Beispiel die Romane über das fiktive 87. Polizeirevier, die der US-amerikanische Autor Salvatore Lombino unter dem Pseudonym Ed McBain ab 1956 veröffentlicht hat. Viele von ihnen wurden ins Deutsche übersetzt, einige von ihnen waren Vorlagen für Filme, die Susan Sontag und Gabriel Garcia Márquez beeindruckt haben. Im Umfeld des Autors waren berühmte Regisseure wie Claude Chabrol, Akira Kurosawa und Alfred Hitchcock, der ihn für das Drehbuch zu *Die Vögel* (USA, 1963) engagierte und feuerte, als es um *Marnie* (USA, 1964) ging. Damals nannte Lombino sich Evan Hunter, er war Bestsellerautor, international bekannt durch den Roman *Die Saat der Gewalt,* dessen Verfilmung in Bill Haleys Titelsong »Rock Around The Clock« nachklingt.

Aber Lombino schrieb auch Heftromane für Zeilengeld. Seine Pseudonyme: Hunt Collins, Ezra Hannon, Richard Marsten, John

Abbot und Curt Cannon. Seine Texte: Pulp. Schund also, denke ich. Als »barrierefrei (ohne die Schwelle von Hochliteratur), aber auch ohne selbstauferlegte ästhetische Bescheidenheit«[58] beschreibt Thomas Wörtche, Experte für Kriminalliteratur, die 55 cop novels, die Lombino unter dem Namen Ed McBain verfasst hat, als »Sittengeschichte von New York«[59], vergleichbar mit Balzacs und Zolas Projekten. Vielleicht doch kein Schund, denke ich und beschließe, mehr über Lombino-Hunter-McBain zu lesen, der am 6. Juli 2005 im Alter von 79 Jahren verstorben ist.

Anlässlich seines zehnten Todestages haben die Hamburger Autoren Frank Göhre und Alf Mayer den erzählerischen Essay *Cops in the City. Ed McBain und das 87. Polizeirevier*[60] bei CulturBooks veröffentlicht. Damit begleiten sie die digitale Neuedition der McBain-Romane, die nun mit *Cops leben gefährlich* ihren Anfang genommen hat. Zum Einstand gab es einen »E-Book-Release-Party-Lesungs-Musik-Abend« im Hamburger Jazz-Club Birdland. Überhaupt präsentiert sich CulturBooks mit seinen eindrucksvoll schlicht gestalteten E-Books wie ein Musiklabel: Erzählungen und Essays heißen »Singles«, Novellen und Kurzromane »Maxis«, Anthologien »Alben«, Romane und lange Sachtexte »Longplayer«.

Ed McBains Kriminalroman *Cops leben gefährlich* ist ein Long-player – wie auch das E-Book über den »unumstrittenen Großmeister des Polizeiromans«[61]. Wer, wie ich, noch nie zuvor etwas von oder über Lombino-Hunter-McBain gelesen hat, ist mit Göhres und Mayers Annäherung an ihn gut beraten. Die Autoren tun das, was Autoren mit ihrem Protagonisten tun: Sie geben ihm eine Stimme, lassen ihn über sich selbst und über seine Arbeit erzählen. Auch andere kommen zu Wort. Für Stephen King beispielsweise war er »einer der einfluss-reichsten Schriftsteller der Nachkriegsgeneration«[62], einer, der ihn beeinflusst hat, so wie auch Mario Puzo, Thomas Harris und viele andere Verfasser jener filmreifen Populärliteratur, die man auf den internationalen Bestsellerlisten findet. Kurz, er war der erste Autor, »der erfolgreich Realismus mit Genrefiktion verschmolz«[63], außerdem »ein absolut feiner Kerl«[64]. Zwei Ed-McBain-Romane waren Vorlagen für die Fernsehserie *Columbo*[65], drei Evan-Hunter-Romane wurden von Arno Schmidt ins Deutsche übertragen.[66]

Aber Göhre und Mayer geht es vor allem um Ed McBain und
dessen Serie über ein fiktives Polizeirevier in einer fiktiven Big City,
die an das reale New York gemahnt. McBain hat den Polizeiroman
nicht erfunden, wohl aber erneuert. Denn nicht ein einzelner
Kriminaler oder ein Ermittlerduo ist den Tätern auf der Spur, sondern
die gesamte Bereitschaft des 87. Reviers mit den Polizisten Meyer
Meyer, Bert Kling, Arthur Brown, Cotton Hawes, Hal Willis, Eileen
Burke, Andie Parker, Ollie Weeks und dem herausragenden Steve
Carella, Detective zweiten Grades, italienischstämmig und – wie sein
Autor – Vater von Zwillingen. Acht Seiten schrieb der pro Tag, noch
im Jahr vor seinem Krebstod verfasste er sechs Bücher. »Einer der
wenigen, der es in Sachen Produktivität mit Ed McBain / Evan Hunter
aufnehmen konnte, ja ihn in Sachen Cop-Romane übertraf, war
Georges Simenon, der als junger Journalist Polizeiermittlungen
begleitet hatte«, schreiben Göhre und Mayer in einer kurzen Abhand-
lung über die Geschichte des Polizeiromans.[67]

In anderen Kapiteln ihres Original-E-Books lassen sie sich von
den Romanen über das 87. Polizeirevier inspirieren, erzählen bilderreich und dialoglastig nach, was Ed McBain bilderreich und dialoglastig vorgegeben hat. Sie kennen die Sprache seiner Polizisten, ihre
Geschichten, Witze, Wortspiele, Sprüche. Auch zitieren sie kapitelweise
Sätze aus den McBain-Romanen, die eine Sogwirkung auf Krimifans
zu haben scheinen:

»Die Stadt ist wie eine Frau, und das ist gut so, denn Frauen sind
dein Geschäft.«
»Der Winter brach herein wie ein Anarchist mit einer Bombe.«
»Das Mädchen, das mit Cotton Hawes im Auto saß, hatte kalte
Füße.«
»Die Frau auf dem Sims hatte ein Nachthemd an, obwohl es erst
halb vier Uhr nachmittags war.«
»Niemand denkt an einem strahlenden Frühlingstag an den Tod.«[68]

Atmosphärische Beschreibungen, gewagte Vergleiche – und alles
völlig »barrierefrei (ohne die Schwelle von Hochliteratur)«![69] Also gute
Unterhaltung, genau das Richtige für die Ferien am Strand. Und so

nehme ich mir Ed McBains ersten Roman vor, *Cops leben gefährlich*[70], der im Juli bei CulturBooks digital in der deutschen Übersetzung von Ernst Heyda aus dem Jahr 1964 erschienen ist.

Der Autor nimmt mich mit in seine Stadt (»ein funkelndes Nest«[71]), deren wortreich illustrierte Darstellung eine Liebeserklärung sein könnte, wenn sie nicht mit dem Hinweis auf all den Abfall in den Straßen endete. Und schon bin ich im Schlafzimmer des Polizisten Mike Reardon, der sich auf seine Nachtpatrouille vorbereitet. Ein paar Sätze später ist er tot, erschossen, von hinten. Ein Polizistenmord! Und bald folgt ein zweiter, ein dritter. Das Team des 87. Reviers findet trotz akribischer Spurensuche, die McBain fachkundig und detailreich beschreibt, keinen Hinweis auf den Täter. Doch am Ende kann Detective Carella aufgrund einer Reihe schriftstellerisch gelenkter Zufälle den Mörder fassen, der ein überraschendes Tatmotiv offenbart: Er ... nein, das verrate ich nicht.

Wenn Sie darüber mehr erfahren wollen, dann lesen Sie Ed McBains Roman *Cops leben gefährlich* selbst!

57 Siehe http://www.culturbooks.de (Stand 30. 8. 2017).

58 Thomas Wörtche 2015, »Vorwort«, in: Frank Göhre / Alf Mayer 2015, *Cops in the City. Ed McBain und das 87. Polizeirevier. Ein Report*, mit einem Vorwort von Thomas Wörtche, digitales Original, Longplayer, Hamburg: CulturBooks.

59 Ebd.

60 Göhre/Mayer 2015.

61 Siehe ebd.

62 Stephen King, zit. nach: Göhre/Mayer 2015.

63 Ebd.

64 Ebd.

65 *Under Cover* (1994) und *No Time to Die* (1992), beide auf: http://www.columbo-site.freeuk.com/mcbain.htm (Stand 30. 8. 2017).

66 Evan-Hunter 1957, *Aber wehe dem einzelnen*, Wien: Ullstein; ders. 1958. *An einem Montag morgen*, Hamburg: Nannen-Verlag; ders. 1959, *Recht für Rafael Morrez*, Hamburg: Nannen-Verlag.

67 Siehe Göhre/Mayer 2015.

68 Alle Sätze zit. ebd.

69 Siehe ebd.

70 Ed McBain 2015, *Cops leben gefährlich. 1. Kriminalroman aus dem 87. Polizeirevier* (Cop Hater, 1956), digitale Neuausgabe, Longplayer, aus dem Amerikanischen von Ernst Heyda, Hamburg: CulturBooks.

71 Ebd.

Sechste Kolumne E-Lektüren

Gedruckte Romane, die man auf Bestseller-Listen findet, sind im
Regelfall handzahm. Sie pfunden mit naturalistisch ausgemalten
Szenen und filmreifen Dialogen, sie kommen ohne stilistische und
kompositorische Risiken aus, sie sind leserfreundlich, massentauglich
und machen Kasse. Und doch sind einige von ihnen angeblich nicht
bloßes Entertainment, sondern Kunst. Verleger, Agenten, Kritiker und
Juroren des deutschen Buchbetriebs begeistern sich am literarischen
Realismus, als hätte es niemals Versuchsanordnungen wie *Zettel's
Traum*[72] gegeben. Um zum poetischen Experiment zurückzufinden,
empfehle ich eine strikte Kino- und Fernsehfilmabstinenz sowie die
exzessive Beschäftigung mit innovativen Computerspielen, inter-
aktiven Werbekampagnen, Ernő Rubiks Zauberwürfel, Raymond
Queneaus *Exercises de style*[73] und literarischen Digitalprojekten.

Einerseits: Es gibt nichts Neues unter der Sonne, auch nicht auf der
Insel der experimentellen Literatur. Von der Antike bis zur Gegenwart
reichen die Versuche der Dichter, Form und Sprache zu erneuern,
wobei Sinn und Gehalt im besten Fall entgrenzt und im schlimmsten
Fall grob vernachlässigt werden. Andererseits: Es gibt etwas Neues
unter der Sonne, und zwar auf der Insel der experimentellen Literatur.
Denn poetische Innovationen, die sich den Beschränkungen durch
Papier und Einband widersetzen, finden im Digitalen neue Spielräume.

Das gilt auch für jene Experimente, die zunächst oder zeitgleich im
Druck herauskommen. Die schwer nacherzählbaren »novels in a box«
zum Beispiel, Romane mit episodisch verkürzten Inhalten, die lineare
Schreib- und Lesekonventionen außer Kraft setzen und sowohl als
Loseblattsammlungen im Karton erschienen sind als auch digital: so
die Neuausgabe der 155 Seiten umfassenden *Composition No. 1*[74] des

französischen Schriftstellers Marc Saporta aus dem Jahr 1962, die als
Vorläufer der in sich verlinkten Hyperfiction gilt. Oder der anderthalb
Kilo schwere, rund 400 Blatt starke Roman *XO*[75], der von einem
Leipziger Autor unter dem Pseudonym Francis Nenik in der ed[ition].
cetera veröffentlicht worden ist. Die kostenlose PDF-Version
erleichtert es, kreuz und quer durch XO zu surfen. Und die iPad-App
Composition No. 1 des Londoner Verlags Visual Editions zwingt mir
einen rasend schnellen Bildlauf auf, den ich anhalten muss, wenn ich
den Text nicht nur als visuelle Installation wahrnehmen will.

Composition No.1 ist im Kern eine magere Dreiecksgeschichte, *XO*
zerfällt in stilistisch divergente Episoden, die weitestgehend sinnent-
leert anmuten. Gleichwohl sind diese aleatorischen Projekte mehr als
bloße intellektuelle Gags. Sie sind im tiefsten Wortsinn poetisch, da
von ihnen eine Wirkung ausgeht, die sich der Sprache entzieht. Zeigen
sie mir doch, wie ich reagiere, wenn ich den Faden verliere, mich
verirre, nach Orientierung suche. Sie machen mir klar, wie erschütter-
bar mein Bewusstsein im Ernstfall ist. Weil diese Literatur kein »Es ist,
wie es ist« zulässt, ist sie vom Realismus so weit entfernt wie der
Nordpol vom Südpol. Wichtig ist sie mir in einer Zeit, in der selbst
ambitionierte Romane auf Kinotauglichkeit hin abgeklopft werden.

Erfreulich finde ich daher, dass das Literaturexperiment, das so
unterhaltsam wie lehrreich ist, nun auch digital only zahlreiche Blüten
treibt. Der Berliner Grafikdesigner und Autor Gregor Weichbrodt
unternimmt einen poetischen Störversuch, auch ihm geht es um
unseren Orientierungssinn, der sich mehr und mehr an Wikipedia
schult. In seinem Original-E-Book *I Don't Know*[76], das im Frohmann
Verlag erschienen ist, führt er die enzyklopädische Ordnung des
digitalen Zeitalters ad absurdum. In einer kurzen Erklärung zu seinem
Projekt schreibt er, ein Algorithmus habe Einträge des Onlinelexikons
Wikipedia gespeichert, das bei Plagiatoren sehr beliebt sei. Und so sei
ein Text generiert worden, dessen Erzähler bestreitet, irgendeinen
dieser Einträge zu kennen. »I'm not well-versed in Literature.
Sensibility – what is that? What in God's name is An Afterword? I
haven't the faintest idea.«[77]

Weichbrodt hat zusammen mit dem in den USA lebenden Autor
Hannes Bajohr das Textkollektiv 0x0a für digitale konzeptuelle Litera-

tur gegründet.[78] Eines ihrer gemeinsamen Projekte, das kürzlich unter dem Titel *Glaube, Liebe, Hoffnung. Nachrichten aus dem christlichen Abendland*[79] erschienen ist, konfrontiert über 280.000 stumpfsinnige Facebook-Postings von Pegida-Anhängern mit Zitaten aus dem biblischen *Hohelied der Liebe.* Eine Versuchsanordnung, die mir detailgenau zeigt, wie es um die rechtsextreme Bewusstseinslage in unserem Land bestellt ist. Bajohrs Sammelleidenschaft hat sich auch an einem anderen Fundus entzündet: Sein digitaler Roman *Durchschnitt*[80] stützt sich auf alle Romane, die Marcel Reich-Ranicki in seinem Kanon deutschsprachiger Literatur[81] zusammengestellt hat. Bajohr erklärt nüchtern seine Arbeitsweise: Er habe den Kanon »als Textkorpus verwendet, dessen durchschnittliche Satzlänge bestimmt (18 Wörter) und alle Sätze anderer Länge aussortiert.«[82] Die Zitate stellt er kapitelweise in der Reihenfolge des Alphabets zusammen. Eine Versuchsanordnung, die mir detailgenau zeigt, wie es um die Bewusstseinslage in unserer kanonisierten Literatur bestellt ist.

Einen anderen Einblick in die Bewusstseinslage anderer bieten mir die 122 Tweets, die die Twitterin Akkordeonistin unter dem Titel *Sitze im Bus*[83] nun als E-Book veröffentlicht hat: »Einen nicht unwesentlichen Teil dessen, was ich über soziale Intelligenz weiß, habe ich zwischen zwei sich öffnenden Bustüren gelernt.«[84] Möglich, dass man die Mikrostorys der digitalen Kommunikationsplattform Twitter allein aufgrund ihrer Zeichenbegrenzung der experimentellen Literatur zuordnen kann. Akkordeonistin beschränkt sich aber nicht nur auf 140 Zeichen, sondern auch auf einen einzigen Schauplatz, den Omnibus, der schon in Raymond Queneaus *Stilübungen*[85] neunundneunzig Mal Ort des Geschehens war. »Ich erkenne mittlerweile etwa neunundneunzig Arten, wie man als potenzieller Sitznachbar mithilfe nonverbaler Kommunikation abgewiesen wird.«[86] Und: »Wir schweigen beharrlich. Jemand könnte ein Gedicht rezitieren, aber wer kennt heutzutage noch Gedichte?«[87] Vielleicht könnten die Buspassagiere eher gemeinsam ein Lied anstimmen, denn Songtexte haben sich mittlerweile stärker in unseren Köpfen festgesetzt als unvertonte Lyrik, die auch im Internet präsent ist.

Wenn Sie darüber mehr erfahren möchten, dann lesen Sie hier demnächst weiter.

72 Schmidt 1970.

73 Raymond Queneau 1947, *Exercises de style,* Paris: éditions Gallimard; ders. 2016, *Stilübungen,* erweitert und neu übersetzt von Frank Heibert und Hinrich Schmidt-Henkel, Berlin: Suhrkamp Verlag.

74 Marc Saporta 2011, *Composition No. 1,* translated from the French by Richard Howard, Introduction by Tom Uglow, with diagrams by Salvador Plascencia, Box with loose papers, London: Visual Editions; iPad App by iTunes.

75 Francis Nenik 2012, *XO,* Roman, lose Blätter in Kartonage, mit Banderole, Leipzig: ed[ition]. cetera; kostenloser PDF-Download unter http://www.ed-cetera.de/ed-ition/fiction/xo-online (Stand 30. 8. 2017).

76 Gregor Weichbrodt 2015, *I Don't Know,* Reihe Frohmann / 0x0a, DRM-freies E-Book (ePub/mobi), entspricht ca. 233 Druckseiten, Berlin: Frohmann.

77 Ebd.

78 Siehe http://0x0a.li/de (Stand 30. 8. 2017).

79 Gregor Weichbrodt / Hannes Bajohr 2015, *Glaube, Liebe, Hoffnung. Nachrichten aus dem christlichen Abendland,* auf: http://0x0a.li/de; kostenloser PDF-Download unter http://0x0a.li/wp-content/uploads/2015/01/Glaube-Liebe-Hoffnung.pdf (Stand 30. 8. 2017).

80 Hannes Bajohr 2015, *Durchschnitt, Roman,* Reihe Frohmann / 0x0a, DRM-freies E-Book, entspricht ca. 233 Druckseiten, Berlin: Frohmann.

81 Marcel Reich-Ranicki (Hg.) 2002, *Der Kanon. Die deutsche Literatur: Romane,* 20 Bände, Frankfurt a. M.: Insel.

82 Hannes Bajohr 2015, »PROZESS«, in: Bajohr 2015.

83 Akkordeonistin 2015, *Sitze im Bus,* DRM-freies E-Book, Berlin: Frohmann.

84 Ebd.

85 Siehe Queneau 1947.

86 Akkordeonistin 2015.

87 Ebd.

Siebte Kolumne E-Lektüren

Wer kennt es nicht, das berühmte Gemälde *Der arme Poet* (1839)
des berühmten Malers Carl Spitzweg: Der mittellose Dichter bewohnt
eine zugige Mansarde, sein Manuskript hat er zum Teil verheizt,
doch schon zeigt sich ein neues Werk vor seinem geistigen Auge, das
nur er zu erfassen vermag. So, sollte man denken, entsteht Literatur.
In Einsamkeit und Weltferne. Aber, liebe Kinder, das war einmal.
Wer zu Beginn des 21. Jahrhunderts im Dachgeschoss eines urbanen
Mehrfamilienhauses dichtet, hat es geschafft, denn diese Wohnungen
sind die teuersten von allen. Der arme Poet von heute, der nicht mit
Literaturpreisen und Stipendien alimentiert wird, der keine Beachtung
im überregionalen Feuilleton erfährt, der vergeblich in Agenturen,
Großverlagen und Buchkonzernen antichambriert, lebt in einer
fußkalten Erdgeschosswohnung; sein Manuskript hat er zum Teil
gelöscht, doch schon zeigt sich ein neues Werk auf dem Display seines
Notebooks, das auch andere zu erfassen vermögen. Denn im Internet
trifft er Freunde und Fans, die sein work in progress reflektieren,
kommentieren und mitgestalten. Er muss nur die Blogfunktion seiner
Website aktivieren. Und irgendwann wird aus seinem Literaturblog
ein Buch, ein E-Book oder beides gar. Es ist wie im Märchen, liebe
Kinder, aber es ist wahr!

»Was sind literarische Blogs?« Diese Frage stelle nicht nur ich mir,
diese Frage stellt sich auch Aléa Torik, die es eigentlich wissen muss.
Verdankt doch die Romanautorin und -figur ihre Doppelexistenz
dem Blog http://www.aleatorik.eu des Schriftstellers Claus Heck.
Als er weder Juroren noch Lektoren für seine Prosa einnehmen kann,
generiert er 2009 aus seiner Blogadresse den Namen einer jungen
rumäniendeutschen Frau, die über Fiktionalität promoviert, ein

Literaturblog führt und metafiktionale Romane verfasst, darunter einen über sich selbst.[88]

Im wirklichen Leben erhält Hecks Stellvertreterin mit dem Jungschriftstellerin-aus-Osteuropa-Bonus alles, was dem Berliner Autor versagt wurde: Stipendien, Verlagsverträge, einen Eintrag im Munzinger Archiv, das einhellige Lob der Presse und die Aufmerksamkeit mehrerer Promotionskandidaten. Nicht die Sprache oder die Welthaltigkeit dieser Literatur, sondern die Konstruktion multipler Fiktionsebenen und Scheinidentitäten lässt mich an Jorge Luis Borges denken, an Mircea Cărtărescu, Raymond Federman, Italo Calvino. Autoren, denen Claus Heck nacheifert, über die er Aléa Torik bloggen lässt. Gleichwohl ist diese Webpräsenz nicht einer jener zahlreichen Rezensionsblogs, in denen lesernahe, von den Verlagen mehr und mehr umworbene Hobbykritiker Romane, Erzählungen und Gedichte hochloben, sondern ein vielfach verlinkter, (fortlaufend) von anderen kommentierter Mix primär- und sekundärliterarischer Texte aus semi-fiktiver Ich-Perspektive. In ihrem Post über »Literatur 2.0« stellt sich Aléa Torik zwei weitere Fragen, die mich umtreiben, nämlich wo literarische Blogs zu finden sind und last but not least, wie sie sind.

Ich gebe diese Fragen weiter an Hartmut Abendschein, der es eigentlich wissen muss. Er ist in Personalunion Autor, Verleger und – neben der Kulturwissenschaftlerin Christiane Zintzen – Herausgeber des Blogportals http://www.litblogs.net. In Kooperation mit der Universität Innsbruck und dem Marbacher Literaturarchiv werden poetische Weblogs deutscher Sprache präsentiert und für die Nachwelt archiviert. Man wolle die Bandbreite literarischen Schreibens in Blogform vermitteln, erklärt mir Abendschein am Telefon[89], die vielen unterschiedlichen Ansätze, für die er mir gern ein paar Beispiele nennen werde. Der Blogger sei, wie übrigens auch der Selfpublisher, in Personalunion Autor, Verleger und Herausgeber, bringe aber kein abgeschlossenes Werk heraus, sondern nehme die Vermittler seiner Literatur mit ins Boot. »Und das ist zukunftsweisend!«[90], frohlockt Abendschein fernmündlich.

In seinem kleinen Hybridverlag edition taberna kritika erscheinen als Bücher und/oder E-Books unter anderem Texte, die in Literatur-

blogs entstanden sind. Zu den Autorinnen und Autoren gehören
der Verleger selbst, seine Co-Herausgeberin Christiane Zintzen, der
Berliner Schriftsteller Alban Nikolai Herbst, der Thuner Künstler
Anton Rittiner, der in Umbrien lebende Lyriker und Übersetzer
Helmut Schulze. Ich finde in ihren Blogs Mikrostorys, Gedichte,
Romanauszüge, Rezensionen, Collagen in Wort, Bild und Ton,
poetologisches, autobiografisches und dokumentarisches Material,
Notizen, Briefe, E-Mails, Threads, Tagebücher, Verweise auf andere
und anderes, zahlreiche Links sowie die Kommentare anderer
und Auszüge aus deren Blogs, die ebenfalls Mikrostorys, Gedichte,
Romanauszüge, etc. pp. enthalten. All dies ist in Teilen interessant,
amüsant und inspirierend, in Teilen anstrengend, unerheblich und
ermüdend.

Aber Blogger gelten nicht als talentlose Schwadroneure, für die
sich kein ernst zu nehmender Verlag interessiert. Im Gegenteil:
Ernst zu nehmende Verlage ahmen Blogger nach. Suhrkamp, Fischer,
Ullstein stellen ihren Autoren hauseigene Literaturblogs zur Verfügung. Klein- und Kleinstverlage postpublizieren Blogposts und deren
literarische Folgen. So die Flaneurtexte »Monogold«, die René
Hamann in seinem Blog *Die Suche nach dem Glam* [91] vorab gepostet
hat. Oder Norbert W. Schlinkerts Roman *Stadt, Angst, Schweigen* [92],
der wie das Literaturblog des Autors, *Nachrichten aus den Prenzlauer
Bergen* [93], in dem Berliner Stadtteil mit der höchsten deutschen
Dichterdichte verortet ist.

Rhizomatisch wuchern Literaturblogs nicht nur inner-, sondern
auch außerhalb des Internets. Beispielsweise ist http://rheinsein.de
des Kölner Lyrikers und Spoken-Word-Performers Stan Lafleur mehr
als eine kulturgeschichtliche Digitalenzyklopädie des Rheinlands,
denn »aus dem rheinsein-Datenpool entstehen zeitgleich wiederum
klassische literarische Derivate wie Bücher, Hörspiele, Lesungen,
Vorträge, (Hochschul-)Seminare etc.« [94] Beispielsweise stellt der
Leipziger Schriftsteller Jan Kuhlbrodt auf http://postkultur.wordpress.
com poetologische Betrachtungen über Texte aus handfesten Büchern
an. Beispielsweise hat das gebloggte Journal *Arbeit und Struktur* [95]
des früh verstorbenen Berliner Autors Wolfgang Herrndorf auch als
Buch und E-Book [96] ein breites Publikum erreicht. Und doch, vertraut

mir Hartmut Abendschein am Telefon an, sind Weblog-Experten
davon überzeugt, dass die Zukunft der Literatur nicht dem Buch oder
dem E-Book gehört, sondern dem Internet.

Wenn Sie darüber mehr erfahren möchten, dann lesen Sie hier
demnächst weiter.

88 Aléa Torik 2013, *Aléas Ich,* Roman, Kindle Edition, Berlin: Osburg Verlag.

89 Telefongespräch mit Hartmut Abendschein im Sommer 2015.

90 Ebd.

91 Siehe http://renehamann.blogspot.de (nicht mehr online, Stand 30. 8. 2017).

92 Norbert W. Schlinkert 2015, *Stadt, Angst, Schweigen,* Coesfeld: Elsinor Verlag.

93 Siehe http://nwschlinkert.de/category/nachrichten (Stand 30. 8. 2017).

94 Stan Lafleur: http://rheinsein.de (Stand 30. 8. 2017).

95 Siehe http://www.wolfgang-herrndorf.de (Stand 30. 8. 2017).

96 Wolfgang Herrndorf 2013, *Arbeit und Struktur,* gebundene Ausgabe, 448 Seiten, Berlin: Rowohlt/Kindle Edition, Berlin: Rowohlt.

Achte Kolumne E-Lektüren

Ort und Zeit der Handlung: Frankfurter Buchmesse, Herbst 2015.
Wie in jedem Jahr sind auch in diesem Jahr viele schöne Auszeichnun-
gen vergeben worden, darunter der mit 10.000 Euro dotierte Preis
der renommierten Stiftung Buchkunst für das schönste deutsche Buch:
Reiseerzählungen des früh verstorbenen Filmemachers Michael
Glawogger nämlich, die unter dem Titel *69 Hotelzimmer*[97] vom Verlag
Die Andere Bibliothek im orangefarbenen Schuber mit Leuchtschrift
herausgebracht worden sind. Wer aber glaubt, dass man sich im
Kreis der kompetenten Bibliophilen dem E-Book total verweigert,
der irrt total.

»Wir wurden häufig darauf angesprochen, ob wir uns nicht um
E-Books kümmern wollen, und das werden wir nun tun«, verrät mir
Katharina Hesse, Geschäftsführerin der Stiftung Buchkunst. Aber
man könne nicht einfach so bestimmen, was schön ist und was nicht,
die Kriterien für schöne Bücher auch nicht eins zu eins auf schöne
E-Books übertragen. Ein eigener Kriterienkatalog müsse erstellt wer-
den, in dem es um Makro- und Mikrotypografie gehe, um technische
Details etc. etc. Diverse Workshops seien geplant mit Gestaltern,
Technikern, Herstellern und Digital-Projektleitern diverser Verlage.

»Und welche Rolle spielt die Qualität der Texte für die Stiftung
Buchkunst?«, frage ich Frau Hesse. »Inhalte spielen für uns immer
eine Rolle, weil die Gestaltung dem Inhalt folgt. Wir bewerten Inhalte
nicht, aber sie müssen adäquat umgesetzt werden.« Tatsächlich
finde ich unter den 2015 nominierten Schönsten in der Print-Rubrik
»Allgemeine Literatur« ruhmreiche Klassiker und weltbekannte
Autoren unserer Tage wie Émile Zola und A. L. Kennedy. Im E-Book-
Bereich könnten aber auch unbekannte Selfpublisher Chancen bei der

Stiftung Buchkunst haben, sofern sie ihre Werke nicht ausschließlich über proprietäre Systeme wie Amazon oder Apple vertreiben.

Ob die Stiftung Buchkunst in Zukunft einen Preis für das schönste deutsche E-Book ausschreiben wird, ist noch ungewiss. Ungewiss ist auch noch, ob man in Zukunft mit dem Deutschen eBook Award kooperieren wird, der seit 2014 die schönsten deutschsprachigen E-Books auslobt, neuerdings in drei Rubriken, salopp »Fiction«, »Nonfiction«, »Kinder und Jugend« genannt. »Eine Kooperation mit der Stiftung Buchkunst wäre für uns interessant, weil wir deutlich machen wollen, dass Print und Digital nicht miteinander konkurrieren, sondern vielmehr Synergien geschaffen werden könnten«[98], schreibt mir Robert Goldschmidt, Initiator des Digital-preises. Sein Bewertungsbogen sieht eine Punktzahl von 1 bis 10 vor für E-Book-Kriterien wie Design, Typografie, technische Umsetzung etc. etc. Vergeben werden sie von einer elfköpfigen Jury, die sich zusammensetzt aus Gestaltern, Technikern, Herstellern und Digital-Projektleitern diverser Verlage.

»Und welche Rolle spielt die Qualität der Texte für den Deutschen eBook Award?«, frage ich Herrn Goldschmidt. »Wir zeichnen nicht einfach die Titel aus, die die meisten technischen Features aufweisen. Wir leisten aber auch keine literaturkritische Analyse, sondern es geht uns darum, dass der Inhalt mit der Gestaltung interagiert und auf diese Weise dazugewinnt.«[99] Einreichungen großer Verlage habe es gegeben, keine schwer marktgängigen Experimente, sondern lineare Texte bekannter Schriftsteller, deren Umsetzung die Jury jedoch nicht überzeugen konnte. Trotzdem finde ich auch unter den 2015 nominierten und ausgelobten Schönsten ruhmreiche Klassiker und weltbekannte Autoren unserer Tage wie Georg Büchner und Janosch.

Steht das berühmte Dramenfragment *Woyzeck* des einen im anregenden digitalen Wechselspiel mit Textinterpretation, Glossar und Lernaufgaben[100], so wird aus der berühmten Erzählung *Oh, wie schön ist Panama*[101] des anderen eine filmisch wirkende Digitalversion mit anregenden tiger- und bärenstarken Mini-Spielen.[102] Aber auch unbekannte Selfpublisher haben Chancen beim Deutschen eBook Award, selbst wenn sie ihre Werke ausschließlich über proprietäre Systeme wie Amazon oder Apple vertreiben. So ging 2014 einer der ersten Preise an den Abiturienten Andreas Huber, der mit *Physik 7*[103] ein dynamisch-interaktives, mit iBooks Author realisiertes enhanced E-Book für den Gymnasialunterricht eingereicht hatte.

Selfpublisher, die ihre Werke nicht bei Apple, sondern bei Amazon einstellen, haben seit diesem Herbst aber noch ganz andere Chancen: Sie haben die Möglichkeit, sich als Selbstverleger abzuschaffen, indem sie sich an dem Wettbewerb beteiligen, den Amazon zusammen mit dem Nachrichtenmagazin FOCUS und dem Freien Deutschen Autorenverband (FDA) kürzlich ins Leben gerufen hat und im nächsten Jahr erneut ausschreiben wird. Der Kindle Storyteller, im Untertitel »Deutscher Self Publishing Award« genannt, bringt dem Hauptpreisträger nämlich 10.000 Euro in bar, ein Amazon-Marketing-Paket im Wert von 20.000 Euro und – last but not least – einen Vertrag mit einem echten VERLAG.

Der Unterhaltungsmagnat Bastei Lübbe druckt und vertreibt den diesjährigen Gewinnertext, *Paradox – Am Abgrund der Ewigkeit*[104], einen handwerklich soliden Science-Fiction-Roman über eine Reise an die Grenzen unseres Sonnensystems, den der Raumfahrt-Ingenieur Phillip P. Peterson als E-Book und als Taschenbuch über die Amazon-Selfpublishing-Plattformen Kindle Direct Publishing und CreateSpace vorveröffentlicht hat. Die Titel aller fünf Finalisten, die mit technisch schlichten, aber einwandfreien Covers im Jpeg-Format ausgestattet sind, erscheinen noch dazu als Hörbucher beim Amazon-Tochterunternehmen Audible.

›Und welche Rolle spielt die Qualität der Texte für den Kindle Storyteller?‹, frage ich mich. Uwe Kullnick, Präsident des Freien Deutschen Autorenverbands und Vorsitzender der Kindle-Storyteller-Jury, hat in einem FOCUS-Interview erläutert, dass es sich bei den über tausend Einreichungen um »mit großem Engagement erzählte, authentische Geschichten« handele.[105] Mit anderen Worten: Es geht hier um Unterhaltung, die ich bei genauerer Durchsicht der Shortlist-Titel mehr oder weniger unterhaltsam finde. Ich arbeite mich durch ausnahmslos massentaugliche Genres hindurch, deren Konsumerabilität im gläsernen Amazon-System überprüft worden ist. Es überrascht mich nicht, dass diese Texte bei Amazon-Kunden ankommen, die laut Uwe Kullnick »vorher wenig oder gar nicht gelesen haben«[106] und über Nacht zu Vorjuroren des Kindle-Storyteller-Wettbewerbs wurden, indem sie per click and buy die fünf so genannten Besten auswählten. Der finalen Jury gehören allerdings Vertreter unseres Kulturbetriebs an wie FDA-Präsident Uwe Kullnick oder FOCUS-Kulturchef Jobst-Ulrich Brand. Ich wünsche mir von ihnen, dass sie sich auch für eine Literatur diesseits der Genres stark machen.

Wenn Sie darüber mehr erfahren möchten, dann lesen Sie hier demnächst weiter.

97 Michael Glawogger 2015, *69 Hotelzimmer*, Berlin: Die andere Bibliothek.

98 Telefongespräch mit Katharina Hesse im Herbst 2015.

99 Telefonat mit Robert Goldschmidt im Herbst 2015.

100 Siehe https://itunes.apple.com/de/book/woyzeck/id947576178?mt=11 (Stand 30. 8. 2017).

101 Janosch 2005, *Oh, wie schön ist Panama. Die Geschichte, wie der kleine Tiger und der kleine Bär nach Panama reisen*, Weinheim: Beltz & Gelberg.

102 Siehe http://www.janoschs-panama-app.de (Stand 30. 8. 2017).

103 Siehe http://www.lehrbuecherhuber.de/physik-7.html (Stand 30. 8. 2017).

104 Phillip P. Peterson 2015, *Paradox – Am Abgrund der Ewigkeit*, Köln: Bastei Lübbe.

105 Focus Magazin Nr. 44, 2015.

106 Ebd.

Neunte Kolumne E-Lektüren

Es war einmal vor langer Zeit, um die letzte Jahrtausendwende herum nämlich, als nur ein winziger Expertenkreis das E-Book als mögliches Trägermedium für Literatur ins Auge fasste; da entschlossen sich ein paar Wagemutige, Online-Portale zu gründen, um Lyrik im Internet zu präsentieren, die in den Schatten des massen- und marktorientierten Buchbetriebs gerückt war. Die genuine Digitalpoesie unserer Tage, die zur Medienkunst zählt, nutzt Sprache als reines, vom Semantischen losgelöstes Material für akustisch-visuelle Installationen und Online-Experimente. ›Ist aber die genuine Lyrik unserer Tage, die mit Permutationen und Kombinationen immerhin mathematischen Verfahren folgt, völlig frei von digitalen Einflüssen?‹, habe ich mich gefragt und diese Frage an deutschsprachige Lyrikportale weiter gegeben. Die zahlreichen ausführlichen Antworten, von denen ich hier leider nur einige auszugsweise zu zitieren vermag, könnten den Grundstock einer germanistischen Dissertation bilden.

Andreas Heidtmann, der seit zehn Jahren das Webportal http://www.poetenladen.de betreibt, schreibt mir beispielsweise, er habe »noch nie ein digitales Gedicht [= ein Gedicht, das die Möglichkeiten des Digitalen als Verfahrensweise originär (mit) nutzt] erhalten oder vorgeschlagen bekommen.«[107] Kurzum, es gebe »nur ›Papierlyrik‹, die man digital präsentieren kann.«[108] Denn Lyrik »ist ein Genre, das nicht am Bildschirm und im Dialog mit digitalen Prozessen entsteht, sondern im Kopf oder Bauch (oder wo auch immer) blitzhaft, anfallweise«.[109]

Gleichwohl: Hendrik Jackson, Dichter und Herausgeber des Portals http://www.lyrikkritik.de, weist mich auf ein semi-digitales Experiment des vielfach ausgezeichneten Lyrikers Ulf Stolterfoth hin. Die

Ammengespräche[110], erschienen im Schweizer Lyrikverlag roughbooks und auszugsweise auf dem Portal http://www.planetlyrik.de, basieren auf »teil-aleatorischen Gesprächen«[111] zwischen Stolterfoth und einem Computer, der so programmiert wurde, »dass er nur bestimmte, noch im Rahmen der Grammatik halbwegs sinnvolle Sätze generiert.«[112] Spannend findet Jackson, »dass gerade die intentionslose Kombinatorik ungeahnte Zusammenhänge ermöglicht und das Potential der Sprache in vielerlei Hinsicht radikaler freisetzt, als noch so inspirierte Autorenpoesie.«[113] Stolterfoths Versuch, einen poetologischen Diskurs mit der Maschine zu führen, die ihm mit den Begrüßungsworten »Sie sind der Publikum.«[114] seine Rolle zuweist, driftet erwartungsgemäß ins Absurde ab und eröffnet gerade auf diese Weise unerwartete Denk- und Spielräume.

Die *Ammengespräche* sind lyrische Logbücher in der Tradition einer Literatur, die vom Rapport zwischen Mensch und menschenähnlichen Kunstwesen handelt. Formal und inhaltlich bergen sie daher viel mehr, als irgendein Poesiegenerator im Netz hervorbringen könnte. Aber: »Es gibt eine ganze Menge Lyriker_innen, die im Schreiben Tools aus der digitalen Welt verwenden«[115], schreibt mir über das Portal http://www.fixpoetry.com das auf Dichtung spezialisierte Team vom Verlagshaus Berlin, das im Frühjahr eine E-Book-Reihe für Lyrik herausbringen wird.[116] Beispielsweise ließ der Dichter Stephan Reich für seinen Band *Everest*[117] eigene Texte per Google Übersetzer in sieben Sprachen übertragen und dann zurück ins Deutsche. Wie Stolterfoth agiert Reich mit der Maschine, lässt sie gleichmütig Sinn in Unsinn verwandeln. Aber am Ende gibt er dem Ganzen, das durch die vielen Verfremdungen gewonnen hat, selbst Form und Gehalt: »apple sagt: kopieren sie ihre krankheit. überwachen sie/den fortschritt. füllen sie gott manuell.«[118]

Heiko Strunk, zuständig in der Literaturwerkstatt Berlin für das internationale Poesieportal http://www.lyrikline.org, verortet den Einfluss des Digitalen auf die Gegenwartslyrik in algorithmischen Experimenten, wie sie der schwedische Konzeptdichter Pär Thörn unternimmt, der August Strindbergs Roman *Das rote Zimmer*[119] »lautlich zerlegt und in alphabetischer Reihenfolge wieder geordnet« hat. Weitere aleatorische Beispiele digital inspirierter Kompilationen,

die die Frage nach der ursprünglichen Urheberschaft außer Acht
lassen, bieten laut Strunk der Tumblr-Blog »Google Poetics« und
die aus den USA stammende »Flarf Poetry« – »quasi Weiterdichtun-
gen aus Google-Ergebnissen«, die es auch im deutschsprachigen
Raum gebe.

So hat der in Bern lebende Autor Hartmut Abendschein unter
dem Titel *Flarf Disco*[120] in seiner edition taberna kritika sechzig
»Popgedichte« veröffentlicht, lyrische Montagen auf der Basis
zahlreicher Musiktitel, dem »Korpus einer zeitgenössischen Pop-
sprache«. Abendscheins Verfahren unterscheidet sich von der
herkömmlichen Flarf-Technik, bei der zwei disparate Suchbegriffe
im Netz gefunden, arrangiert, permutiert und von vielen Usern in
endlos-ewige poems in progress verwandelt werden können. Aber
Flarf-Simulakren gehören wie Flarf-Originale zur Nonsensliteratur,
die sich mit lautsprachlichen Versen wie »meine ich fa/weine ich/
do re mi so la ti do« zunächst an unser musikalisches Gefühl wendet
und uns bestenfalls im zweiten Schritt einen tieferen Sinn erschließt.

Wie Flarf-Poeten und doch anders gehen auch Kai Pohl und
Clemens Schittko vor, die auf meine Anfrage bei http://www.fixpoetry.
com mit Hinweisen in eigener Sache reagierten. Interessant finde
ich ihre Anthologie serieller Texte *my degeneration. the very best of
WHO IS WHO*[121], die im freiraum verlag vorliegt. Das titelgebende
sprachkritische Listengedicht »WHO IS WHO« basiert auf Such-
maschinenergebnissen, die per Cut-up und Montagetechniken
miteinander kombiniert wurden: »Krieg heißt jetzt Friedenssicherung,
Angriffskrieg heißt jetzt Verteidigung vitaler Interessen, Destroy heißt
jetzt Erase«.[122] Die Haltung der Berliner Kompilatoren ist ebenso
unprätentiös wie die der Flarf-Poeten; allerdings sind ihre Texte nicht
simulierter Nicht-Sinn, sondern Proteste gegen die Verfälschung von
Wirklichkeit durch eine sinnentleerte Sprache.

Als »Spam Poetry« versucht sich eine weitere digitale, aus den USA
stammende Neuerung der Lyrik zu behaupten. Der Münchener
Autor Thomas Palzer hat im E-Book-Verlag mikrotext nach Themen
geordnete Junkmails publiziert: »Wir laden Sie auf unsere Webseite
ein: Wenn Sie unseren Newsletter abbestellen möchten, klicken Sie
bitte.«[123] Palzer behauptet, Spam sei literarisch interessant, weil es sich

vieler Textsorten bediene. Ob man Spam als Literatur im weiteren
oder als Lyrik im engeren Sinne begreift, ist vielleicht abhängig von der
Weite oder Enge des eigenen Literatur- und Lyrikbegriffs. Ich schließe
mich hier dem Herausgeberteam des Lyrikportals http://karawa.net
an, das mir schreibt: »Wenn der Begriff des ›Digitalen‹ Konsens für ein
fortschrittliches Literaturverständnis zu werden droht, ist es selbst-
redend poetische Pflicht, ihn als solchen zu sabotieren.«[124]

Wenn Sie darüber mehr erfahren möchten, dann lesen Sie hier
demnächst weiter.

107 E-Mail von Andreas Heidtmann, Herbst 2015.

108 Ebd.

109 Ebd.

110 Ulf Stolterfoth 2010, *Ammengespräche,* hg. von Urs Engeler, Berlin/Holderbank: roughbooks.

111 E-Mail von Hendrik Jackson, Herbst 2015.

112 Ebd.

113 Ebd.

114 Stolterfoth 2010.

115 E-Mail von Andrea Schmidt, Jo Frank und Dominik Ziller, Herbst 2015.

116 Im März 2016 wurde die Edition Binaer auf der Leipziger Buchmesse präsentiert, siehe »12. Kolumne E-Lektüren«.

117 Stephan Reich 2014, *Everest,* Berlin: Verlagshaus Berlin.

118 Ebd.

119 August Strindberg 1879, *Röda rummet,* [ohne Ort:] Joseph Seligmanns; ders. 1919, *Das rote Zimmer,* aus dem Schwedischen von Else von Hollander, Berlin: Hyperion.

120 Hartmut Abendschein 2015, *Flarf Disco.* Popgedichte, mit einem Intro von Benedikt Sartorius, Bern: edition taberna kritika.

121 Kramer/Mießner/Pohl/Schittko et. al. 2015, my degeneration. the very best of WHO IS WHO, Greifswald: Freiraum Verlag.

122 Ebd.

123 Thomas Palzer 2013, *Spam Poetry. Sex der Industrie für jeden, entspricht ca. 80 Druckseiten,* Berlin: mikrotext.

124 E-Mail von Norbert Lange, Herbst 2015.

Zehnte Kolumne E-Lektüren

Der Jahresbeginn ist die Zeit zwischen Rückblende und Vorschau. Was hat uns im alten Jahr bewegt, was wird im neuen Jahr davon bleiben, was in den nächsten Jahrzehnten, in den nächsten Jahrhunderten? Die Top Headlines dieser Tage, egal ob digital oder gedruckt, orakeln über jene psychisch und physisch Traumatisierten, die Haus und Hof, Hab und Gut, Freunde und Familie verloren haben, die überdies ihr eigenes Leben und das ihrer Kinder, Alten, Kranken aufs Spiel setzen, um illegal aus fernen Kriegs- und Krisengebieten nach Europa zu fliehen, wo sie auf eine neue Heimat hoffen. Ein veritables Mehrgenerationenthema also, das Bundeskanzlerin Angela Merkel in ihrer Neujahrsansprache fokussiert. Dank geht an alle, die auf Worte Taten folgen lassen, an alle, die mit ihrem Engagement die Welt in teils ehrfürchtiges, teils misstrauisches Erstaunen versetzen, kurz, an alle, die für die neue »Willkommenskultur« unter jenem Slogan einstehen, den Angela Merkel von Barack Obama übernommen haben mag: »Wir schaffen das!«[125] »Yes We Can!« Aber wie sich »aus illegaler Migration legale«[126] machen ließe, erschließt sich mir aus der Neujahrsansprache nicht.

Konkreter als die deutsche Bundeskanzlerin äußert sich dazu der österreichische Kulturreporter Simon Hadler, der kürzlich eine junge Syrerin mitsamt Baby in seine Familie aufgenommen hat. Der mehrfach für sein Werk ausgezeichnete ORF-Redakteur hat unter dem Titel *Die Angst vor dem »Ansturm«*[127] in der digitalen Reihe Hanser Box eine Sammlung literarischer Reportagen, analytischer Lageberichte sowie »10 Thesen und Forderungen wider die Feigheit« veröffentlicht, darunter das Ersuchen Nummer 6: »Sichere Fluchtkorridore nach Europa schaffen und eine Prüfung der Asylgründe in EU-Botschaften

ermöglichen – um die Gefahren einer illegalen Flucht zu vermeiden
und profitgeilen, brutalen Schleppern Einhalt zu gebieten.«[128]

Vieles gefällt mir an dieser Digitalpublikation, für die der Reporter
die Hotspots der defizitären österreichischen Asylpolitik bereist hat, zu
denen das unweit von Wien gelegene, komplett überfüllte Erstauf-
nahmezentrum Traiskirchen gehört, wo zahlreiche der erschöpften
Ankömmlinge trotz Nässe und Kälte nur im Zelt unterkommen
konnten: »Vollkommen sinnlos wurde mitten in einem der reichsten
Länder der Erde ein humanitärer Notstand provoziert, der monatelang
anhielt.«[129] Der »Faktencheck Asyl«, wie das E-Book im Untertitel
heißt, bezieht sich nicht nur auf die katastrophalen Gegebenheiten in
dem niederösterreichischen Lager und vor dem Wiener Westbahnhof,
wo die Schutzbefohlenen zwar die Unterstützung von NGOs und
unzähligen freiwilligen Helfern erhalten, aber kein festes Dach über
dem Kopf. Hadler geht auch rassistische Hass-Memes im Internet
durch, rät von emotionalen und/oder ironischen Reaktionen ab, liefert
stattdessen streng geprüftes Zahlenmaterial: 150 Euro pro Jahr müsste
ein einziger Steuerzahler für einen einzigen anerkannten Flüchtling
aufbringen, der dafür locker die Rentenkassen des österreichischen
Staates mit dessen extrem niedriger Geburtenrate auffüllen könnte.

Eine der Freiwilligen, auf die Hadler in Traiskirchen trifft, ist die
österreichische Modebloggerin Madeleine Alizadeh aka Dariadaria.
Sie ist an der Crowdfunding-Aktion Blogger für Flüchtlinge beteiligt,
die mittlerweile über 130.000 Euro Flüchtlingshilfe eingenommen hat.
69 der mehr oder weniger literarischen Blogposts sind in die Anthologie *Willkommen!*[130] eingegangen, die der Berliner Digitalverlag
mikrotext den neuen Beschwörern der German Angst entgegensetzt.

Es sind Aufrufe zu Menschlichkeit und Empathie. Belege dafür, dass
Hilfe süchtig machen kann. Szenen aus der Aufnahmestelle des
Berliner Landesamtes für Gesundheit und Soziales, vor der Tausende
von Geflüchteten ausharren. Doch fehlen Gespräche mit LAGeSo-
Leuten, mit meiner Nachbarin beispielsweise, die im vergangenen Jahr
so viele Überstunden geleistet hat, dass sie wahrscheinlich frühzeitig
in Pension gehen muss. Dafür enthält die Anthologie *Willkommen!*
Erinnerungen an Fluchtgeschichten aus vielen Ländern und Zeiten,
darunter einige, die von jenen meiner Vorfahren stammen könnten,

die Ostpreußen Ende des Zweiten Weltkriegs unter grausigen Umständen verlassen mussten. Dann gibt es noch extrem Ironisches von der österreichischen Künstlerin Stefanie Sargnagel: »Ich mach T-Shirts ›Flüchtlingsstrom 2015 – ich war dabei‹.«[131] Und extrem Zynisches von antiprodukt: »Die Flüchtenden werden mit frenetischem Jubel und Wohlstandsmüll überschüttet, bekommen Pappteller mit Bonbons entgegengestreckt, Decken und Pullis übergeworfen, als kämen sie aus dem Boxring, obendrauf gepackt werden acht Plüschtiere, persönlich übergeben von deutschen Kleinkindern, die hier noch etwas lernen können. Vielleicht, dass die paar Hundert, die zufällig die ›Tage des offenen Korridors‹ erwischt haben und nicht schon im Krieg, im Mittelmeer oder in LKWs gestorben sind, jetzt von guten Deutschen befreit und gerettet wurden? Schon wird danach gerufen, ›Syrien zu bombardieren‹, im Rahmen der ›Fluchtursachenbekämpfung‹ und im Namen von Aylan Kurdi.«[132]

In der dystopischen Erzählung »Emil schreit« flieht die Autorin Miriam Burdelski mit Ehemann Paul und den Kindern Ida und Emil quer durch ein deutsches Krisengebiet. Verletzt, hungrig, nur noch mit verdreckten Fetzen bekleidet erreicht die normal-nette Mittelklasse-Kleinfamilie aus dem zerstörten Hamburg die Niederlande, wo man ihr eine Notunterkunft in einem leeren Fabrikgebäude zuweist: »Ida hat Fieber bekommen. Sie zittert am ganzen Leib. Ich habe Angst, dass sie stirbt. Niemand kann uns weiterhelfen. Vor der Fabrik skandieren Menschen. Sie schreien uns an, dass wir zurück sollen. Dass man uns und unsere Kinder erschießen soll. Emil redet seit Tagen nicht mehr. Er benimmt sich manchmal wie ein Baby. Er liegt viel zusammen-gekauert auf der Pritsche. Manchmal fragt er, wann wir denn erschossen werden.«[133]

Zurück zum ersten Post der Anthologie *Willkommen!*, »Offener Brief an das Bundesministerium für Inneres« von Madeleine Alizadeh aka Dariadaria.[134] Er ist einem der größten Probleme der Neuankömmlinge gewidmet, der Wohnungsnot: Zwar gibt es eine Unterkunft für eine syrische Familie, aber keine dazu passende Genehmigung des österreichischen Innenministeriums. In Deutsch-land hat die bekannte Sängerin Sarah Connor es immerhin geschafft, eine syrische Frau mit fünf Kindern zu beherbergen: »Ich kann

verstehen, dass nicht jeder Flüchtlinge bei sich aufnehmen kann oder
will. Aber was sich jeder erlauben kann, ist, ein bisschen Wärme,
Nähe, Trost und Liebe zu spenden, ohne sich fürchten zu müssen.«[135]
Sicher sind der Gästetrakt einer Villa, das urbane Plattenbau-Ghetto,
die baufällige Scheune auf dem Land keine Antworten auf die Frage,
wo die Zuzügler auf Dauer angemessenen und bezahlbaren Wohn-
raum finden können. Vielleicht entwickeln sich die Antworten aus
den Fragen, die ich mir stelle, stellvertretend für viele andere. Meine
Lektüre endet heute mit einem Satz des Netzaktivisten Michael
Seemann: »Jeder muslimische Mensch, dem wir in der Not helfen,
ist ein Tritt in die Fresse der Terroristen.«[136]

Wenn Sie darüber mehr erfahren möchten, dann lesen Sie in den von
mir empfohlenen E-Books weiter.

125 Angela Merkel, 31. August 2015, Bundespressekonferenz in Hinblick auf die Flüchtlingskrise in Europa.

126 https://www.tagesschau.de/inland/merkel-neujahrsansprache-111.html (Stand 30. 8. 2017).

127 Simon Hadler 2015, *Die Angst vor dem »Ansturm«. Faktencheck Asyl*, Hanser Box, München: Carl Hanser Verlag.

128 Hadler 2015.

129 Ebd.

130 Katharina Gerhardt / Caterina Kirsten / Ariane Novel / Nikola Richter / Frank O. Rudkoffsky / Eva Siegmund (Hg.) 2015, *Willkommen! Blogger schreiben für Flüchtlinge,* entspricht ca. 279 Druckseiten, Berlin: mikrotext.

131 Stefanie Sargnagel 2015, »Refugee Mc Moments«, in: Gerhardt/Kirsten/Novel/Richter/Rudkoffsky/Siegmund 2015.

132 Antiprodukt 2015, »Ich war dabei«, in: Gerhardt/Kirsten/Novel/Richter/Rudkoffsky/Siegmund 2015.

133 Miriam Burdelski 2015, »Emil schreit«, in: Gerhardt/Kirsten/Novel/Richter/Rudkoffsky/Siegmund 2015.

134 Madeleine Alizadeh 2015, »Offener Brief an das Bundesministerium für Inneres«, in: Gerhardt/Kirsten/Novel/Richter/Rudkoffsky/Siegmund 2015.

135 Sarah Connor 2015, »Was ich geben will«, in: Gerhardt/Kirsten/Novel/Richter/Rudkoffsky/Siegmund 2015.

136 Michael Seemann 2015, »Wir haben die Wahl«, in: Gerhardt/Kirsten/Novel/Richter/Rudkoffsky/Siegmund 2015.

Elfte Kolumne E-Lektüren

Interaktiv ist im wahrsten Wortsinn »in«: Unablässig werde ich im
Internet aufgefordert, mich einzubringen, dieses zu kommentieren,
jenes zu liken. Mach mit! Unter diesem Motto könnte auch das
literarische work in progress *Tausend Tode schreiben*[137] stehen, das der
Berliner Frohmann Verlag sukzessive digital first veröffentlicht. Seit
2014 sind drei von vier geplanten Fassungen dieser Anthologie über
Tod und Sterben erschienen, ein allmählich anschwellendes Projekt,
das mit megaloman anmutendem Stolz als »das erste kollaborative und
versionierte E-Book im deutschsprachigen Raum, vermutlich auch auf
der Welt« beworben wird.

Tausend Texte insgesamt sollen im besten Fall für die vierte und
letzte Ausgabe zusammen kommen, verfasst von schreibenden
Profis und begabten Dilettanti, darunter Schriftsteller, Twitterer und
Blogger, Ärzte, Pfleger und Pfarrer, Mitfühlende, Hinterbliebene
und Überlebende. Das E-Book wird aber nicht nur von Version zu
Version erweitert, sondern auch verändert, da einige Kontributoren
Anregung und Kritik der Leser beherzt übernehmen. Wer eine digitale
Fassung von *Tausend Tode schreiben* kauft, erhält das fortlaufende
Update gratis nachgeliefert. Irgendwann soll das interaktive E-Book-
Projekt sein Ende in einem gedruckten Buch finden, aber noch ist man
mitten im digitalen Prozess und auf der Suche nach neuen Autoren.
Ton und Stil sind frei, jeder Text sollte maximal 3.000 Zeichen
umfassen und inhaltlich eine Variation aufs Thema bieten. Mach mit!
Okay, why not?

Die Digitalversion 3.1 enthält Briefe an Verstorbene, Erinnerungen
an letzte Begegnungen, Gedichte vom Überleben. Ich lese ein paar
hundert berührende, sorgfältig lektorierte Texte über das Sterben der

Mutter, der Schwester, des Kindes. Es geht um Grenzerfahrungen, um Trauer, um Verstörung, wie sie der Schriftsteller Clemens J. Setz erlebt, als ihn eine Sterbende für einen Todesboten hält:

»Die Todeserzählungen der Weltliteratur sind voll von solchen Figuren: eine eigenartig flackernde weibliche Gestalt auf einem Hausdach, ein starrender Hund auf einer Kreuzung, ein Kind mit grünen Handschuhen, ein seltsamer kleiner Ballon, der über einen Parkplatz treibt. Boten des Jenseits. Sie erscheinen dem Todgeweihten und erinnern ihn daran, dass das Ende nahe ist. Jedem sind solche Bilder vertraut, aber wer würde es für möglich halten, einmal selbst eines zu sein? Doch an jenem Tag geschah genau dies: Ich war der Tod, der zur Tür hereinkam. Nach mir gab es keine Rettung mehr.«[138]

Auch finde ich Texte, die witzig sind, aber nicht geschmacklos, beispielsweise die Fantasien der Twitterin Patricia Cammarata, netzweit bekannt als @dasnuf:

»Ich fühle mich bereit für eine digitale Bestattung. Ich finde das zeitgemäß und gemessen an der Zeit, die ich lebend im Internet verbracht haben werde, wäre das nur konsequent. Für die eigentliche Zeremonie schwebt mir eine Art Splitscreen vor. Links ein Videostream, der meine Urne zeigt. So müsste niemand anreisen und alle könnten es sich in Jogginghosen bequem machen. Neben dem Videostream rechts werden die Tweets meiner Gäste eingeblendet. Vom Social TV (beispielsweise sonntags beim Tatortschauen) kennt man das. In meinem Fall würde unter einem speziellen Hashtag getwittert: Wir trauern um Patricia, kurz #wtuP.«[139]

Der Wunsch der Verlegerin, Lektorin und Herausgeberin Christiane Frohmann, ein »emergierendes public image des Todes, ein plausibles Gattungsbild, zusammengesetzt aus ganz vielen Detailansichten«[140] zu erschaffen, hat sich bereits mit den drei publizierten Versionen der Anthologie erfüllt. Mehr noch: Das digitale Projekt ist eine Reminiszenz an die ästhetische Kategorie des Erhabenen, die doch so gar nicht zum permanenten Posten der netzaffinen Szene zu passen scheint, weil sie übermächtige, somit leichter zu verschweigende denn zu beschreibende Erfahrungen bezeugt.

Auch zu Beginn des zweiten work in progress, das ich in diesen Tagen am Bildschirm lese, stirbt jemand. Allerdings gibt er kurz darauf vor, noch gar nicht geboren, ja, noch nicht einmal gezeugt worden zu sein. Nein, es handelt sich nicht um Laurence Sternes Jahrhundertwerk über Tristram Shandy in gemeinfreier PDF-Version, sondern um Tilman Rammstedts neuen Roman, der zwischen Mitte Januar und Mitte April vor den Augen der Welt auf der Website http://www.morgen-mehr.de entsteht. Portionsweise kann ich das metafiktionale Oeuvre an jedem Werktag via WhatsApp oder per E-Mail digitalfrisch lesen. Auch hier heißt die Devise: Mach mit! Auf der angesagten Crowd-funding-Plattform Startnext hat der Hanser Verlag mit über tausend Abonnenten ein »experimentierfreudiges Publikum«[141] gefunden, das den unterhaltsamen, zwischen Hochliteratur und Kaffeeklatsch wechselnden output diskutiert, kommentiert, inspiriert. Klar, Tilman Rammstedt und sein Lektor und Verleger Jo Lendle machen auch mit!

Es gibt ein YouTube-Video zum Projekt, das Hashtag #morgenmehr auf Twitter, Facebook, Instagram; radioeins sendet in Berlin und Brandenburg täglich einen neuen, vom Autor vorgelesenen Abschnitt, der als Audiodatei im Internet eingestellt ist, auch vertreiben stationäre Buchhändler in ihren Webshops das Abonnement, das das Goethe-Institut 25 Auslandsinstituten zur Verfügung stellt, wo es in den Programmbereichen Literatur, Sprache und Übersetzung eingesetzt wird. Kurz, das »Team Rammstedt« arbeitet mit mehr Pauken und Trompeten, als es sie vor rund anderthalb Jahrzehnten für Matthias Polityckis »Novel in Progress« gab, dem ersten deutschen social-reading-and-writing-Projekt im Internet, das unter dem Titel *Marietta*[142] auf der Homepage des ZDF-Kulturmagazins Aspekte entstanden ist.

Aber wie geht es der Hauptperson des multimedialen Spektakels, das Hanser-Chef Jo Lendle als kalkulierbares Risiko präsentiert? Einen Hinweis finde ich im neuneinhalbten Kapitel, in dem der Autor mit seinem Kalender spricht, gegen Wände rennt und eine Mitschrift davon weit nach Mitternacht dem Verlag präsentiert, der mit einem lakonischen »Na ja« reagiert.

»[U]nd der Autor hat gefragt, ob ›Na ja‹ ›fantastisch‹ bedeute, und
der Verlag hat gesagt: ›Nein, das bedeutet *Na ja*‹, und der Autor hat so
getan, als ob er das sowieso schon gewusst hätte, weil er sich mit
Worten schließlich auskennt, das behauptete er jedenfalls dem Verlag
gegenüber, und der Verlag hat gesagt: ›Dann schreib doch noch etwas
zur Mutter, da hattest du doch irgendeine Idee‹, aber das klang eher
halbherzig, doch der Autor fand, dass halbherzig an manchen Tagen
schon ganz schön viel ist, und dann schrieb er das Zehnte Kapitel.«[143]

Einen weiteren wichtigen Hinweis auf seine Befindlichkeit postet
Tilman Rammstedt am Ende der dritten Arbeitswoche: Es geht um
die Angst, »dass das notwendig Gewagte, das doch jedes Buch haben
sollte, hier nur in den Bedingungen des Schreibens liegt und zu wenig
im Geschriebenen.«[144] Gern würde er jetzt pausieren, vielleicht
unnötig lang, vielleicht nur sechs Wochen, weil er das Gefühl hat,
dass dem Roman etwas Entscheidendes fehlt. Ich hoffe, dass er die
Lücke schließen kann, so dass auch dieses interaktive work in progress
als Buch und E-Book erscheinen wird. Denn auf seine Weise ver-
mittelt der Hanser Verlag zwischen der klassischen und der digitalen
Literaturwelt – eine Aufgabe, die auch ich mir stelle.

Wenn Sie darüber mehr erfahren wollen, dann lesen Sie hier
demnächst weiter.

Anmerkungen

137 Christiane Frohmann (Hg.) 2014 (fortlaufend), *Tausend Tode schreiben*. DRM-freies E-Book, entspricht ca. 927 Seiten, Berlin: Frohmann.

138 Clemens Setz 2014, »10«, in: Frohmann 2014 (fortlaufend).

139 Patricia Cammarata 2014, »35«, in: Frohmann 2014 (fortlaufend).

140 Christiane Frohmann 2014 (fortlaufend), »Vorwort«, in: Frohmann 2014/15.

141 E-Mail der Presse-Abteilung, Carl Hanser Verlag, Januar 2016.

142 http://www.matthias-politycki.de/novel3/fragezei/fragezei.htm (Stand 30.8.2017); Matthias Politycki 2000, *Marietta – die Idee, der Datensatz und der Strohhut. Schreiben und Schreiben-Lassen im Internet*, Stuttgart: Franz Steiner.

143 http://www.morgen-mehr.de (Stand 30.8.2017).

144 Ebd.

Zwölfte Kolumne E-Lektüren

Bekanntlich entdeckten Lyriker das Internet sehr früh für sich. Seit dem Milleniumswechsel findet man Gedichte in großer Zahl auf einschlägigen Portalen und Blogs. Aber zum E-Book hat sich die poetische Avantgarde bisher nicht eindeutig bekannt. Der Grund: Die Dichter tun sich schwer mit dem Stand der E-Book-Technik. Entweder ist eine Digitaldatei so flexibel, dass ich schon durch die Veränderung der Schriftgröße die vom Verfasser vorgesehene Form mit Zeilenumbrüchen usw. außer Kraft setzen kann. Oder das E-Book hat ein statisches Format, ist beispielsweise eine PDF-Datei, also die Digitalversion eines Buches, und somit für die innovative Lyrikszene völlig uninteressant.

Daniela Seel, Dichterin und Verlegerin des angesagten Lyrikverlags KOOKbooks, hat bisher kein Digitalprogramm entwickelt, obwohl sie täglich Gedichte online liest. »Für sinnvoller halte ich es, dass diejenigen, die aufgrund ästhetischer und poetologischer Interessen Digitales als Kunstformat ernst nehmen, entsprechende Formen entwickeln«[145], schreibt sie mir in einer E-Mail. »Damit meine ich nicht nur genuin digitale Literatur, sondern auch eine Poesie, die schon im Schreiben über die Lesbarkeit in E-Books nachdenkt und dadurch anders mit Zeilenumbrüchen usw. umgeht.«[146]

Für eine Erneuerung der Poesie aus dem Geist digitaler Lese- und Schreiberfahrungen interessiert man sich beispielsweise im Verlagshaus Berlin. Das Verlegerteam Andrea Schmidt, Jo Frank und Dominik Ziller lanciert auf der Leipziger Buchmesse eine neue E-Book-Reihe für Gegenwartspoesie, herausgegeben von Marcel Diel. Die Edition Binaer, in der Gedichte zusammen mit Essays, Gesprächen, Kommentaren und Glossaren digital veröffentlicht werden, ist mit einem eigens vom Verlag entwickelten mattgrauen Zeichensatz ausgestattet, dem sogenannten Lyrik-Code. Er zeigt die Struktur der durchgängig im Fließtext präsentierten Gedichte an: Ein Zeilenumbruch wird durch das Lyrik-Code-Zeichen ˇ ersetzt, ein Einzug durch das Zeichen ¬, ein Leerzeichen durch das Zeichen –, und vor zwei Zeilenumbrüchen usw. steht jeweils das Zusatzzeichen ··. Auch gibt es Layoutzeichen für Blocksatz, Flattersatz und Aufzählung. Und Betonungszeichen für eine schnelle oder langsame Lektüre mit hoher oder tiefer Stimme, die aber noch nicht verwendet worden sind. Denn wichtig ist den Erfindern des Lyrik-Codes, dass die Dichter selbst mit dem Zeichenapparat arbeiten, dass sie ihn optimieren, dass sie ihn erweitern. Auf diese Weise könnte es zu einer Erneuerung der Poesie aus dem Geist digitaler Lese- und Schreiberfahrungen kommen. Erste Ergebnisse sollen am Jahresende in der Edition Binaer erscheinen.

Aber es geht auch darum, den Lesern eine neue, dem Lyrik-E-Book gemäße Lektüreerfahrung zu vermitteln. So liest sich bisher beispielsweise ein Auszug aus Heinrich Heines Langgedicht *Deutschland. Ein Wintermärchen*[147] im Fließtext folgendermaßen: »O König! Ich meine es gut mit dir, / Und will einen Rat dir geben: / Die toten Dichter, verehre sie nur, / Doch schone, die da leben.«[148] In dem Essay, den der junge Lyriker Max Czollek zusammen mit Gedichten in der Edition Binaer publiziert, sieht das Zitat ein wenig anders aus: »¬≈ O König! Ich meine es gut mit dir, ˇ Und will einen Rat dir geben: ˇ Die toten Dichter, verehre sie nur, ˇ Doch schone, die da leben.«[149]

Den berühmten Text kann ich problemlos mit dem Lyrik-Code lesen. Wie aber geht es mir mit Poesie, die ich noch nicht kenne, beispielsweise mit Max Czolleks Gedichtzyklus *A.H.A.S.V.E.R.?* Der Autor, 1987 in Berlin geboren, ist Gründungsmitglied des Lyrikkollektivs G13, Kurator des Lyriknetzwerks babelsprech, Mitherausgeber der repräsentativen Reihe Lyrik von Jetzt und Promotionskanditat der Antisemitimusforschung. Er habe, erläutert er in seinem Essay, in dem Gedichtzyklus *A.H.A.S.V.E.R.*[150] den Ewigen Juden in einen Charakter verwandelt, »der zwischen einer biblischen Josef-Figur, Joseph Goebbels und Iosif Stalin changiert.«[151] Wie vor ihm der Holocaust-Überlebende Primo Levi überträgt Max Czollek die

antisemitische Sage um den zu ewiger Wanderung verdammten
Juden auf mörderische Agitatoren und politische Großverbrecher des
20. Jahrhunderts, die für immer in einer aus Sprache geschaffenen
Hölle rotieren mögen. »Rache ist eine poetische Haltung«[152] schreibt
der Nachgeborene, der sowohl Verunglimpfung als auch Verklärung
des Judentums streng ablehnt.

Aber wie wird das schwere Thema von einem Autor verdichtet, der
Jahrzehnte nach dem Holocaust in einem Wohlstandsstaat geboren
wurde und nie unter Verfolgung, Hunger, Folter leiden musste?
Czollek wählt einen altertümelnden Gottvatersound, reiht unzählige
Bildungsreminiszenzen aneinander und verzichtet auf formalästhe-
tische Wagnisse. Der Lyrik-Code, den ich mühelos in meine Lektüre
integriere, zeigt eine Gedichtstruktur an, die keine Innovationen birgt:
»wer bist du, josef? ˇ malchus, mitglied jener tempelwache ˇ die sich
der menschenjagd verschrieben hat ˇ im osten europas ¨ˇ«. Auch gibt
es unangenehm oft schiefe Vergleiche (»dein name ist schwerer als
wüstensand«), und eine unangemessen kalauernde Kapitelüberschrift
(»Schlaflos in Bet-el«) lässt mich nicht von ungefähr an den Titel
der Hollywoodromanze *Schlaflos in Seattle* (USA, 1993) denken. Kurz,
das im Essay dargelegte Konzept könnte die Stärke dieses E-Books
sein, wenn sich der Autor seinem Sujet eher als Dichter denn als
Doktorand genähert hätte.

Neben Max Czollek gehört der Siegener Lyriker Crauss zu den
ersten Autoren der Edition Binaer. Crauss, 1971 geboren, ist Redakteur
der literaturwissenschaftlichen Zeitung Kritische Ausgabe, Mitglied
des Literaturprojekts Forum der 13 und Dozent für Kreatives Schreiben an der Universität seiner Heimatstadt. Die letzten drei seiner
zahlreichen Gedichtbände sind im Verlagshaus Berlin erschienen, wo
nun in der Edition Binaer *Dieser Junge. Digital Toes*[153] herauskommt.
Der Lyrik-Code erschließt mir die formale Vielfalt dieser Poesie, die
nicht durch Rache motiviert ist, sondern durch Begehren. Crauss
erschafft eindrucksvoll sinnliche Bilder der Erinnerung an »schokolad-
bittere jungen, denen klatschnass das tuch ˇ an den lenden festklebt«[154]
oder an »ein kind, das du manchmal warst. ¨ˇ ein junge in hohen
strümpfen, ˇ ein junge in seide in furchiger weisse ˇ aus augustwüste
und acker. ˇ«[155]

Wie Czollek legt Crauss in einem Essay die Entstehungsgeschichte seiner Gedichte dar, die von aufreizenden Knaben mit erstaunlich schönen Füßen und Botticellilocken handeln. Diese Literatur ist nicht nur selbstreferenziell, sondern bezieht sich auch auf Texte von Mayröcker, Sebald, Böhme, Whitman und vielen anderen mehr. Ob eine derart gelungene Verbindung von Lebens- mit Lese- und Schreiberfahrungen durch Experimente mit dem digitalen Lyrik-Code zu einer neuen Poesie führt, wird sich zeigen.

Anmerkungen

145 E-Mail von Daniela Seel, Februar 2016.

146 Ebd.

147 Werner Bellmann (Hg.) 2011, *Fließtext nach Heinrich Heine, Deutschland. Ein Wintermärchen,* Stuttgart: Reclam.

148 Ebd.

149 Max Czollek 2016, *A.H.A.S.V.E.R.,* mit einem Essay des Autors und einem Gespräch mit Micha Brumlik und Johannes CS Frank, Edition Binaer, Berlin: Verlagshaus Berlin.

150 Ebd.

151 Ebd.

152 Ebd.

153 Crauss 2016, *Dieser Junge. Digital Toes,* mit einem Essay des Autors und einem Nachwort von Matthias Fallenstein, Edition Binaer, Berlin: Verlagshaus Berlin.

154 Ebd.

155 Ebd.

Quellen

E-Texte und -Books

Akkordeonistin 2015, *Sitze im Bus*, DRM-freies E-Book, Berlin: Frohmann

Alizadeh, Madeleine 2015, »Offener Brief an das Bundesministerium für Inneres«, in: Gerhardt, Katharina / Kirsten, Caterina / Novel, Ariane / Richter, Nikola / Rudkoffsky, Frank O. / Siegmund, Eva (Hg.) 2015, *Willkommen! Blogger schreiben für Flüchtlinge*, entspricht ca. 279 Seiten, Berlin: mikrotext

Antiprodukt 2015, »Ich war dabei«, in: Gerhardt, Katharina / Kirsten, Caterina / Novel, Ariane / Richter, Nikola / Rudkoffsky, Frank O. / Siegmund, Eva (Hg.) 2015, *Willkommen! Blogger schreiben für Flüchtlinge*, entspricht ca. 279 Seiten, Berlin: mikrotext

Balasubramanyam, Rajeev 2014, *Starstruck*, Berlin: Fiktion

Bajohr, Hannes 2015, *Durchschnitt. Roman*, Reihe Frohmann / 0x0a, DRM-freies E-Book, ca. 233 Seiten, Berlin: Frohmann

Burdelski, Miriam 2015, »Emil schreit«, in: Gerhardt, Katharina / Kirsten, Caterina / Novel, Ariane / Richter, Nikola / Rudkoffsky, Frank O. / Siegmund, Eva (Hg.) 2015, *Willkommen! Blogger schreiben für Flüchtlinge*, entspricht ca. 279 Seiten, Berlin: mikrotext

Bußmann, Nina 2015, »Ruhe und Empfindlichkeit«, in: Niermann, Ingo (Hg.) 2015, *Konzentration.* Beiträge von Dirk Baecker, Nina Bußmann, Charis Conn, Kenneth Goldsmith, Boris Groys, Ingeborg Harms, Arthur Jacobs, Sophie Jung, Quinn Latimer, Ingo Niermann, Amy Patton, Raoul Schrott, Emily Segal, Jenna Sutela, Alexander Tarakhovsky, Johannes Thumfart, Ronnie Vuine, Elvia Wilk, Jacob Wren, deutsche Übertragung der englischen Texte von Andreas L. Hofbauer, Sophie Jung und Yolanda Vögtle, Berlin: Fiktion

Bwansi, Patras / Ziemke, Lydia 2015, *Mein Name ist Bino Byansi Byakuleka*, Doppel-Essay, Text von Patras Bwansi aus dem Englischen von Lydia Ziemke, mit 6 Fotos und einigen Asyl-Dokumenten aus dem privaten Besitz von Patras Bwansi, entspricht ca. 140 Seiten, Berlin: mikrotext

Cammarata, Patricia 2014, »35«, in: Frohmann, Christiane (Hg.) 2014 (fortlaufend), *Tausend Tode schreiben*, DRM-freies E-Book, entspricht ca. 927 Seiten, Berlin: Frohmann

Connor, Sarah 2015, »Was ich geben will«, in: Gerhardt, Katharina / Kirsten, Caterina / Novel, Ariane / Richter, Nikola / Rudkoffsky, Frank O. / Siegmund, Eva (Hg.) 2015, *Willkommen! Blogger schreiben für Flüchtlinge*, entspricht ca. 279 Seiten, Berlin: mikrotext

Frohmann, Christiane (Hg.) 2014 (fortlaufend), *Tausend Tode schreiben*, DRM-freies E-Book, entspricht ca. 927 Seiten, Berlin: Frohmann

Gerhardt, Katharina / Kirsten, Caterina / Novel, Ariane / Richter, Nikola / Rudkoffsky,
Frank O. / Siegmund, Eva (Hg.) 2015, *Willkommen! Blogger schreiben für
Flüchtlinge, entspricht ca. 279 Seiten,* Berlin: mikrotext
Glavinic, Thomas 2014, *Sex,* Hanser Box, München: Carl Hanser Verlag
Göhre, Frank / Mayer, Alf 2015, *Cops in the City. Ed McBain und das 87. Polizeirevier.
Ein Report,* mit einem Vorwort von Thomas Wörtche, digitales Original,
Longplayer, 220 Seiten, Hamburg: CulturBooks
Goldsmith, Kenneth, »Jawohl, #Tweeten ist echtes #Schreiben!«, in: Niermann, Ingo
(Hg.) 2015, *Konzentration,* Beiträge von Dirk Baecker, Nina Bußmann, Charis
Conn, Kenneth Goldsmith, Boris Groys, Ingeborg Harms, Arthur Jacobs, Sophie
Jung, Quinn Latimer, Ingo Niermann, Amy Patton, Raoul Schrott, Emily Segal,
Jenna Sutela, Alexander Tarakhovsky, Johannes Thumfart, Ronnie Vuine, Elvia
Wilk, Jacob Wren, deutsche Übertragung der englischen Texte von Andreas L.
Hofbauer, Sophie Jung und Yolanda Vögtle, Berlin: Fiktion
Hadler, Simon 2015, *Die Angst vor dem »Ansturm«. Faktencheck Asyl,* Hanser Box,
München: Carl Hanser Verlag
Kramer/Mießner/Pohl/Schittko et. al. 2015, *my degeneration. the very best of
WHO IS WHO,* Greifswald: Freiraum Verlag
McBain, Ed. 2015, *Cops leben gefährlich. 1. Kriminalroman aus dem 87. Polizeirevier
[Cop Hater,* 1956], digitale Neuausgabe, Longplayer, aus dem Amerikanischen von
Ernst Heyda, 156 Druckseiten, Hamburg: CulturBooks
Modiano, Patrick 2015, *Stockholmer Rede,* übersetzt von Elisabeth Edl, Hanser Box,
München: Carl Hanser Verlag
Momus 2015, *HERR F (WAS EWIG LEBT, SCHREIT EWIG),* Berlin: Fiktion
Müller, Michaela Maria 2015, *Vor Lampedusa. Eine Reise,* mit Bildern vom
Schiffsfriedhof auf Lampedusa, Berlin: Frohmann
Nenik, Francis 2012, *XO,* Roman, lose Blätter in Kartonage mit Banderole, Leipzig:
ed[ition]. cetera; kostenloser PDF-Download unter http://www.ed-cetera.de/
ed-ition/fiction/xo-online (Stand 30. 8. 2017)
Niermann, Ingo (Ed.) 2015, *Concentration,* Texts by Dirk Baecker, Nina Bußmann,
Charis Conn, Kenneth Goldsmith, Boris Groys, Ingeborg Harms, Arthur Jacobs,
Sophie Jung, Quinn Latimer, Ingo Niermann, Amy Patton, Raoul Schrott,
Emily Segal, Jenna Sutela, Alexander Tarakhovsky, Johannes Thumfart, Ronnie
Vuine, Elvia Wilk, Jacob Wren, English translations of German Texts by Nathaniel
McBride and Amy Patton, Berlin: Fiktion
Niermann, Ingo (Hg.) 2015, *Konzentration,* Beiträge von Dirk Baecker, Nina
Bußmann, Charis Conn, Kenneth Goldsmith, Boris Groys, Ingeborg Harms,
Arthur Jacobs, Sophie Jung, Quinn Latimer, Ingo Niermann, Amy Patton, Raoul
Schrott, Emily Segal, Jenna Sutela, Alexander Tarakhovsky, Johannes Thumfart,
Ronnie Vuine, Elvia Wilk, Jacob Wren, deutsche Übertragung der englischen
Texte von Andreas L. Hofbauer, Sophie Jung und Yolanda Vögtle, Berlin: Fiktion
Pãltineanu, Sînziana 2015, *Elephantenchroniken,* Berlin: Fiktion

Palzer, Thomas 2013, *Spam Poetry. Sex der Industrie für jeden,* entspricht
ca. 80 Druckseiten, Berlin: mikrotext

Saeed, Aboud 2013, *Der klügste Mensch im Facebook. Statusmeldungen aus Syrien,* aus
dem Arabischen von Sandra Hetzl, mit Nachwort und Glossar der Übersetzerin,
entspricht ca. 250 Druckseiten, Berlin: mikrotext

Saeed, Aboud 2015, *Lebensgroßer Newsticker. Szenen aus der Erinnerung,* aus dem
Arabischen von Sandra Hetzl, entspricht ca. 250 Druckseiten, Berlin: mikrotext

Saporta, Marc 2011, *Composition No. 1,* translated from the French by Richard
Howard, Introduction by Tom Uglow, with diagrams by Salvador Plascencia,
Box with loose papers, London: Visual Editions; iPad App by iTunes

Sargnagel, Stefanie 2015, »Refugee Mc Moments«, in: Gerhardt, Katharina / Kirsten,
Caterina / Novel, Ariane / Richter, Nikola / Rudkoffsky, Frank O. / Siegmund,
Eva (Hg.) 2015, *Willkommen! Blogger schreiben für Flüchtlinge,* entspricht
ca. 279 Druckseiten, Berlin: mikrotext

Saviano, Roberto 2014, *Super Santos,* übersetzt aus dem Italienischen von Rita Seuß,
Hanser Box, München: Carl Hanser Verlag

Seemann, Michael 2015, »Wir haben die Wahl«, in: Gerhardt, Katharina / Kirsten,
Caterina / Novel, Ariane / Richter, Nikola / Rudkoffsky, Frank O. / Siegmund,
Eva (Hg.) 2015, *Willkommen! Blogger schreiben für Flüchtlinge,* entspricht
ca. 279 Druckseiten, Berlin: mikrotext

Setz, Clemens 2014, »10«, in: Frohmann, Christiane (Hg.) 2014 (fortlaufend),
Tausend Tode schreiben, DRM-freies E-Book, entspricht ca. 927 Druckseiten,
Berlin: Frohmann

Tieke, Julia / Faiz 2015, *Mein Akku ist gleich leer. Ein Chat von der Flucht,* mit 8 Fotos,
aufgenommen von Faiz auf der Flucht, entspricht ca. 50 Druckseiten, Berlin:
mikrotext

Weichbrodt, Gregor / Bajohr, Hannes 2015, *Glaube, Liebe, Hoffnung. Nachrichten
aus dem christlichen Abendland,* auf: http://0x0a.li/de; kostenloser PDF-Download
unter http://0x0a.li/wp-content/uploads/2015/01/Glaube-Liebe-Hoffnung.pdf
(Stand 30. 8. 2016)

Weichbrodt, Gregor 2015, *I Don't Know,* Reihe Frohmann / 0x0a, DRM-freies E-Book,
entspricht ca. 233 Druckseiten, Berlin: Frohmann

Wörtche, Thomas 2015, »Vorwort«, in: Göhre, Frank / Mayer, Alf 2015, *Cops in the
City. Ed McBain und das 87. Polizeirevier. Ein Report,* mit einem Vorwort von
Thomas Wörtche, digitales Original, Longplayer, entspricht 220 Druckseiten,
Hamburg: CulturBooks

Ziemke, Lydia 2015, »Paradoxien des Helfens«, in: Bwansi, Patras / Ziemke, Lydia
2015, *Mein Name ist Bino Byansi Byakuleka,* Doppel-Essay, Text von Patras
Bwansi aus dem Englischen von Lydia Ziemke, mit 6 Fotos und einigen Asyl-
Dokumenten aus dem privaten Besitz von Patras Bwansi, entspricht ca. 140
Seiten, Berlin: mikrotext

Blogs

http://www.aleatorik.eu (Stand 30.8.2017)
http://www.etkbooks.com (Stand 30.8.2017)
http://www.hundertvierzehn.de (Stand 30.8.2017)
http://www.litblogs.net (Stand 30.8.2017)
http://www.logbuch-suhrkamp.de (Stand 30.8.2017)
http://www.morgen-mehr.de (Stand 30.8.2017)
www.muehsam-tagebuch.de (Stand 30.8.2017)
http://nwschlinkert.de//category/nachrichten (Stand 30.8.2017)
http://postkultur.wordpress.com (Stand 30.8.2017)
http://renehamann.blogspot.de (nicht mehr online, Stand 30.8.2017)
http://resonanzboden.com (Stand 30.8.2017)
http://rheinsein.de (Stand 30.8.2017)
http://www.wolfgang-herrndorf.de (Stand 30.8.2017)

Webseiten

http://www.amazon.de/Paradox-Ewigkeit-Phillip-P-Peterson-ebook/dp/B011C6SRV4
    (Stand 30.8.2017)
http://www.deutscher-ebook-award.de (Stand 30.8.2017)
https://www.hanser-literaturverlage.de/verlage/hanser-box (Stand 30.8.2017)
https://itunes.apple.com/de/book/woyzeck/id947576178?mt=11 (Stand 30.8.2017)
http://www.janoschs-panama-app.de (Stand 30.8.2017)
http://www.kindlepost.de/2015/06/kindle-storyteller-der-deutsche-self-publishing-
    award.html https://lehrbuecherhuber.wordpress.com/physik-7 (nicht mehr online,
    Stand 30.8.2017)
http://www.mikrotext.de/books/aboud-saeed-der-klugste-mensch-im-facebook-
    statusmeldungen-aus-syrien (Stand 30.8.2017)
http://www.oetinger.de/buecher/apps/details/titel/3-86274-496-5/18837/16647/
    Autor/Astrid/Lindgren/App_-_Pippi_Langstrumpf%3A_Villa_Kunterbunt_
    HD.html (Stand 30.8.2017)
http://roughbooks.ch/ulf_stolterfoht/ammengespraeche.html (Stand 30.8.2017)
http://www.stiftung-buchkunst.de (Stand 30.8.2017)
http://www.verbrecherverlag.de/buch/631, Verlagswebseite Mühsam-Tagebücher
    (Stand 30.8.2017)
https://www.youtube.com/watch?v=l2RWkH3-JIE, Video Aboud Saeed bei ZDF/
    Aspekte, zuerst ausgestrahlt am 10. Mai 2013 (Stand 30.8.2017)

Gedruckte Texte

Abendschein, Hartmut 2015, *Flarf Disco. Popgedichte,* mit einem Intro von Benedikt Sartorius, Bern: edition taberna kritika

Arendt, Hannah 1943, »We Refugees«, in: *Menorah Journal,* 69–77

Arendt, Hannah 1986, »Wir Flüchtlinge«, in: Dies. 1986, *Zur Zeit. Politische Essays,* aus dem Amerikanischen von Eike Geisel, hg. von Marie Luise Knott, Berlin: Rotbuch, 7–21

Bajohr, Hannes 2017, *Durchschnitt. Roman,* Reihe Frohmann / 0x0a, Berlin: Frohmann

Crauss 2016, *Dieser Junge. Digital Toes,* mit einem Essay des Autors und einem Nachwort von Matthias Fallenstein, Edition Binaer, Berlin: Verlagshaus Berlin

Cortázar, Julio 1963, *Rayuela,* Editorial Sudamericana, Buenos Aires: Pantheon Books

Cortázar, Julio 1981, *Rayuela,* Frankfurt a. M.: Suhrkamp

Czollek, Max 2016, *A.H.A.S.V.E.R,* mit einem Essay des Autors und einem Gespräch mit Micha Brumlik und Johannes CS Frank, Edition Binaer, Berlin: Verlagshaus Berlin

Glawogger, Michael 2015, *69 Hotelzimmer,* Berlin: Die andere Bibliothek

Hamann, René 2013, *Monogold. Texte aus dem Blog. Die Suche nach dem Glam,* illustriert von René Hamann, Leseheftreihe Schöner Lesen 130, Berlin: SuKuLTuR

Herrndorf, Wolfgang 2013, *Arbeit und Struktur,* 448 Seiten, Berlin: Rowohlt/Kindle Edition, Berlin: Rowohlt

Janosch 2005, *Oh, wie schön ist Panama. Die Geschichte, wie der kleine Tiger und der kleine Bär nach Panama reisen,* Weinheim: Beltz & Gelberg

Joyce, James 1939, *Finnegans Wake,* London: Faber & Faber; englischer Text online: http://hub.yourtakeonwords.com/hub/jamesjoyce?w=1280;rh=http%3a%2f%2fw ww.trentu.ca%2ffaculty%2fjjoyce%2ffw.htm;rd=1 (Stand 30. 8. 2017)

Kramer/Mießner/Pohl/Schittko et al. 2014, *my degeneration. the very best of WHO IS WHO,* Greifswald: freiraum verlag

Lindgren, Astrid 1945, *Pippi Långstrump,* Stockholm: Rabén & Sjögren

Lindgren, Astrid 1949, *Pippi Langstrumpf,* Hamburg: Verlag Friedrich Oetinger; PDF zum Download: https://tilgnerka.edupage.org/files/Astrid_Lindgren_-_ Pippi_Langstrumpf.pdf (Stand 30. 8. 2017)

Mühsam, Erich 2011 (fortlaufend), *Tagebücher,* hg. von Chris Hirte und Conrad Piens, Berlin: Verbrecher Verlag

Müller, Michaela Maria 2016, *Auf See. Die Geschichte von Ayan und Samir,* Berlin: Frohmann

Peterson, Phillip P. 2015, *Paradox – Am Abgrund der Ewigkeit,* Köln: Bastei Lübbe

Queneau, Raymond 1947, *Exercises de style,* Paris: éditions Gallimard

Queneau, Raymond 2016, *Stilübungen,* erweitert und neu übersetzt von Frank Heibert und Hinrich Schmidt-Henkel, Berlin: Suhrkamp Verlag

Reich, Stephan 2014, *Everest,* Berlin: Verlagshaus Berlin

Reich-Ranicki, Marcel (Hg.) 2002, *Der Kanon. Die deutsche Literatur: Romane*, 20 Bände, Frankfurt a. M.: Insel

Schlinkert, Norbert W. 2015, *Stadt, Angst, Schweigen*, Roman, Coesfeld: Elsinor Verlag

Schmidt, Arno 1970, *Zettel's Traum*, Karlsruhe: Stahlberg Verlag

Stündel, Dieter H. 1993, *James Joyce. Finnegans Wehg: Kainnäh ÜbelSätzZung des Wehrkess fun Schämes Scheuss*, Darmstadt: Häusser

Stolterfoth, Ulf 2010, *Ammengespräche*, hg. von Urs Engeler, Berlin/Holderbank: roughbooks

Thörn, Pär / Rummet, Röda 2012, *(alfabetisk)*, Stockholm/Copenhagen: Drucksache

Torik, Aléa 2013, *Aléas Ich*, Roman, Kindle Edition, Berlin: Osburg Verlag

Weichbrodt, Gregor / Bajohr, Hannes 2015, *Glaube, Liebe, Hoffnung. Nachrichten aus dem christlichen Abendland*, Reihe Frohmann / 0x0a, Berlin: Frohmann 2017

Weichbrodt, Gregor 2017, *I Don't Know*, Reihe Frohmann / 0x0a, Berlin: Frohmann

Zur Autorin

Elke Heinemann studierte Komparatistik und Geschichte, sie erhielt Studien- und Forschungsstipendien der Studienstiftung des deutschen Volkes und des DAAD in Grenoble und Oxford und promovierte am Peter-Szondi-Institut der Freien Universität Berlin mit einer Arbeit über den englischen Frühromantiker William Beckford. Sie ist Absolventin der Henri-Nannen-Schule für Journalismus in Hamburg und hat längere Zeit in Paris und London gelebt.

Heute lebt Elke Heinemann als Schriftstellerin und Publizistin in Berlin, ist Verfasserin von Romanen, Kurzprosa, Essays, Hörspielen und Radio-Features. Sie hat verschiedene Auszeichnungen erhalten, zuletzt das Alfred-Döblin-Stipendium der Akademie der Künste Berlin und den Deutschen eBook Award 2015 in der Sparte »Fiction«.

Zum Verlag

Der Frohmann Verlag wurde im Jahr 2012 gegründet und ist ein Einpersonenunternehmen mit vielen hundert Mitwirkenden. Er trägt den Familiennamen der Verlegerin, um ein Zeichen zu setzen gegen eine Startup-Verlagskultur mit Exitstrategie. Die Arbeit geschieht investorenfrei, Frohmann ist Indie.

Im Frohmann Verlag werden neue kulturelle Formen in den Blick genommen, darunter genuin digitale Literatur und kollaboratives Schreiben im Netz. Zum Verlag gehören die Wissenschaftsreihe *Generator*, die Printreihe *Kleine Formen* und die gemeinsam mit Asal Dardan und Michaela Maria Müller herausgegebene medienübergreifende Reihe *An einem Tisch*. Das Goethe-Institut hat im Frohmann Verlag 2017 die E-Book-Reihe *Hausbesuch* und das Konferenz-E-Book *European Angst* herausgegeben.

Die Grenzen zwischen Schreiben, Lesen und Publizieren fließen bei Frohmann stärker, als man es von klassischen Verlagen her kennt – hierin orientiert man sich am Netz. Viele Titel werden ausschließlich als E-Books veröffentlicht, weil sie im Print undenkbar wären.

FROHMANN

GENUIN DIGITALE LITERATUR UND WISSENSCHAFT

Christiane Frohmann (Hg.):
Tausend Tode schreiben
Frohmann Verlag, 2014 (fortlaufend)
DRM-freies ePub, entspricht aktuell
775 Druckseiten, € 4,99

Claudia Vamvas: Sitze im Bus
Berlin: Frohmann Verlag, 2016
Gebundene Ausgabe, 152 Seiten, € 19,90

Sarah Berger: Match Deleted,
Tinder Shorts
Berlin: Frohmann Verlag, 2017
Gebundene Ausgabe, 152 Seiten, € 19,90

Oliver Grimm: Hefte raus, Diktatur!
Berlin: Frohmann Verlag, 2017,
Gebundene Ausgabe, 152 Seiten, € 19,90

Christiane Frohmann: Präraffaelitische
Girls erklären das Internet
Berlin: Frohmann Verlag, 2017
Gebundene Ausgabe, 152 Seiten,
davon 70 farbige Abbildungsseiten, € 29,90

Gregor Weichbrodt:
Dictionary of non-notable Artists
Berlin: Frohmann Verlag, 2016
Taschenbuch-Ausgabe, 132 Seiten, € 12

Hannes Bajohr: Durchschnitt
Roman, Berlin: Frohmann Verlag, 2016
Taschenbuch-Ausgabe, 260 Seiten, € 14

Gregor Weichbrodt: I don't know
Berlin: Frohmann Verlag, 2016
Taschenbuch-Ausgabe, 248 Seiten, € 14

Gregor Weichbrodt / Hannes Bajohr:
Glaube Liebe Hoffnung
Berlin: Frohmann Verlag, 2017
Taschenbuch-Ausgabe, 80 Seiten, € 10

Jan Drees / Sandra Annika
Meyer: Twitteratur. Digitale
Kürzestschreibweisen
Berlin: Frohmann Verlag, 2013
PDF, 44 Seiten, € 2,99
DRM-freies ePub, entspricht
44 Druckseiten, € 2,99

Christiane Frohmann / Stephan
Porombka: Internetkatzen.
Gespräch über Cat Content
Berlin: Frohmann Verlag, 2013
PDF, 76 Seiten, € 2,99
DRM-freies ePub, entspricht
76 Druckseiten, € 2,99

Stephan Porombka (Hg.):
Über 140 Zeichen. Autoren geben
Einblick in ihre Twitterwerkstatt
Berlin: Frohmann Verlag, 2014
PDF, 152 Seiten, € 2,99
DRM-freies ePub, entspricht
152 Druckseiten, € 2,99

Janina Sommerlad:
The Aesthetics of Digital Books
Berlin: Frohmann Verlag, 2015
PDF, 86 Seiten, € 3,99
DRM-freies ePUB, entspricht
86 Druckseiten, € 3,99

Hannes Bajohr (Hg.): Code und
Konzept. Literatur und das Digitale
Berlin: Frohmann Verlag, 2016
Gebundene Ausgabe, 262 Seiten, € 28
Taschenbuch-Ausgabe, 262 Seiten, € 16

Elke Heinemann: E-Lektüren
Berlin: Frohmann Verlag, 2017
Gebundene Ausgabe, 88 Seiten, € 18
Taschenbuch-Ausgabe, 88 Seiten, € 12
DRM-freies ePub, entspricht
88 Druckseiten, € 3,99